新时代万有文库

刘跃进 主编

黎思文·校点

老子

辽 海 出 版 社

图书在版编目（CIP）数据

老子 / 黎思文校点. —沈阳：辽海出版社，2024.4
（新时代万有文库 / 刘跃进主编）
ISBN 978-7-5451-6936-2

Ⅰ.①老…　Ⅱ.①黎…　Ⅲ.①《道德经》　Ⅳ.①B223.1

中国国家版本馆CIP数据核字（2023）第255524号

出 版 者：辽海出版社
　　　　　（地址：沈阳市和平区十一纬路25号　邮编：110003）
印 刷 者：辽宁新华印务有限公司
发 行 者：辽海出版社
幅面尺寸：160mm×230mm
印　　张：8.25
字　　数：82.5千字
出版时间：2025年1月第1版
印刷时间：2025年1月第1次印刷
责任编辑：吴昊天
装帧设计：新思维设计　刘清霞
责任校对：李子夏

书　　号：ISBN 978-7-5451-6936-2
定　　价：45.00元

购书电话：024-23285299
网址：http://www.lhph.com.cn
法律顾问：辽宁普凯律师事务所　王　伟
如有质量问题，请与印刷厂联系调换
印刷厂电话：024-31255233
盗版举报电话：024-23284481
盗版举报信箱：liaohaichubanshe@163.com

《新时代万有文库》

编辑委员会

◎长沙马王堆汉墓出土帛书《老子》甲本残页

◎长沙马王堆汉墓出土帛书《老子》乙本残页

晋右军王羲之书

太上玄元道德经
上篇

道可道、非常道。名可名、非常名。无名天地之始、有
名万物之母。故常无欲以观其妙。常有欲以观

右道德经乃晋王羲之遗山阴刘
道士书道士以携举 献右军者
是也庶宋、梁陈四朝今入
秘府遂良偹员内省因得刡观敬

◎唐贞观十五年褚遂良跋王羲之《道德经帖》拓本局部

◎唐开元二十六年易县龙兴观唐太宗注苏灵芝书《道德经幢》拓本局部

老子體自然而然生乎太無之先起

太極左仙公葛玄造

經歷天地終始不可稱載終乎無終窮

窮極乎無極故無極也與大道而倫化為天

地而立根布炁於十方抱道德之至淳浩浩

蕩蕩不可名也煥乎其有文章巍巍乎其有

成功淵乎其不可量堂堂乎為神明之宗三

光持以朗照天地稟以得生乾坤運以吐精

高而無民貴而無位覆載無窮閭教八方諸

◎涵芬樓影印清常熟瞿氏鐵琴銅劍樓藏宋刊河上公《老子道德經》

平不敢為天下先非
禮乎故用世之學莫
深于老氏今儒者不
務自治而虛名之幻
内貪殘而外仁義虛
奢傲而治禮文此乃忠
信之薄而亂之首也
而老氏之所下也

老子道德經上篇

晉　王弼　注

一章　案河上公注本此為體道章
今依張之象所錄王注原本

道可道非常道名可名非常名

可道之道可名之名指事造形非其常也故不可道
不可名也

無名天地之始有名萬物之母

凡有皆始於無故未形無名之時則為萬物之始及
其有形有名之時則長之育之亭之毒之為其母也

◎清乾隆四十年武英殿聚珍版《老子道德经》

老子道德經上篇

晉 王弼注

華亭張氏原本

一章

道可道非常道名可名非常名　可道之道可名之名指事造形非其常也故不可道不可名也

無名天地之始有名萬物之母　凡有皆始於無故未形無名之時則為萬物之始及其有形有名之時則長之育之亭之毒之為其母也言道以無形無名始成萬物以始以成而不知其所以玄之又玄也

故常無欲以觀其妙　妙者微之極也萬物始於微而後成始於無而後生故常無欲空虛可以觀其始物之妙

常有欲以觀其徼　徼歸終也凡有之為利必以無為用欲之所本適道而後濟故常有欲可以觀其終物之徼也

此兩者同出而異

◎清光绪元年浙江书局重刻明华亭张之象本《老子道德经》

晉　王弼　注

一章

道可道非常道名可名非常名

可道之道可名之名指事造形非其常也故不可道不可名也

無名天地之始有名萬物之母

凡有皆始於無故未形無名之時則為萬物之始及其有形有名之時則長之育之亭之毒之為其母也言道以無形無名始成萬物萬物以始以成而不知其所以玄之又玄也

故常無欲以觀其妙

妙者微之極也萬物始於微而後成始於無而後生故常無欲空虛可以觀其始物之妙

常有欲以觀其徼

徼歸終也凡有之為利必以無為用欲之所本適道而後濟故常有欲可以觀其終物之徼也

此兩者同出而異

◎清光緒二十七年浙江書局重刻校補明華亭張之象本《老子道德經》

总　序

刘慧晏

新时代、新征程、新伟业，更加迫切地需要"两个结合"提供支撑和滋养。辽宁出版集团贯彻落实习近平文化思想，着眼于服务"第一个结合"，集海内百余位专家之力，分国内传播、世界传播两辑，出版《马克思主义经典文献传播通考》。巨著皇皇，总二百卷，被誉为当代马克思主义基础研究扛鼎之作。着眼于服务"第二个结合"，辽宁出版集团博咨众意，精研覃思，决定出版《新时代万有文库》。

自古迄今，中华文化著述汗牛充栋。早在战国时，庄子就发"以有涯随无涯，殆已"的感慨。即使在知识获取手段高度发达的今天，我想，也绝对没有人敢夸海口：可尽一生精力遍读古今文化著述。清末好读书、真读书的曾国藩，在写给儿子的家书里，做过统计分析，有清一代善于读书且公认读书最多的王念孙、王引之父子，每人一生熟稔的书也不过十几种，而他本人于四书五经之外，最好的也不过《史记》、《汉书》、《庄子》、韩愈文四种。因此，给出结论："看书不可不知所择。"

　　高邮王氏父子也罢，湘乡曾国藩也罢，他们选择熟读的每一本书，当然都是经典。先秦以降，经典之书，积累亦多矣。虽然尽读为难，但每一本经典，一旦选择，都值得花精力去细读细研细悟。

　　中华文化经典，是中华优秀传统文化的物质载体和精神表达，凝聚着中华先贤的思想智慧，民族文化自信在焉。书海茫茫，典籍浩瀚，何为经典？何为经典之善本？何为经典之优秀注本？迷津得渡，知所择读，端赖方家指引。正缘于此，辽宁出版集团邀约海内古典文史专家，不惧艰辛，阅时积日，甄择不同历史时段文化经典，甄择每部文化经典的善本和优秀注本，拟分期分批予以整理出版，以助广大读者在创造性转化和创新性发展中赓续中华文脉。

　　《马克思主义经典文献传播通考》的美誉度，已实至名归。《新时代万有文库》耕耘功至，其叶蓁蓁、其华灼灼、下自成蹊，或非奢望！

出版说明

一、《新时代万有文库》（以下简称"《文库》"）拟收录中华传统文化典籍中具有根脉性的元典（即"最要之书"）500种，选择具有重要学术价值和版本价值的经典版本，给予其富有鲜明时代特征的整理与解读，致力于编纂一部兼具时代性、经典性、学术性、系统性、开放性的中华优秀传统文化经典丛书，深入挖掘和阐发中华优秀传统文化的精神内涵和时代价值，激活经典，熔古铸今，为"第二个结合"提供助力，满足新时代读者对中华文化经典的需求。

二、为满足不同读者的需求，《文库》收录的典籍拟采取"一典多版本"和"一版三形式"的方式出版。"一典多版本"是指每种典籍选择一最精善之版本予以重点整理，同时选择二至三种有代表性的经典版本直接刊印，以便读者比较阅读，参照研究。"一版三形式"是指每种典籍选择一最精善之版本，分白文本、古注本、今注本三种形式出版。各版本及出版形式，根据整理进度，分批出版。

三、典籍白文本仅保留经典原文，并对其进行严谨校勘，使其文句贯通、体量适宜，便于读者精析原文，独立思考，涵泳经典。考虑到不同典籍原文字数相差悬殊的实际情况，典籍白文本拟根据字数多少，或一种典籍单独出版，或几种典籍合为一册出版。合出者除考虑字数因素外，同时兼顾以类相从的原则，按照四部书目"部、类、属"三级分类体系，同一部、同一类或同一属的典籍合为一册出版。如子部中，同为"道家类"的《老子》与《庄子》合为一册出版。

四、典籍古注本选取带有前人注疏的经典善本整理出版。所选注本多有较精善的、学术界耳熟能详的汉、唐、宋、元人古注，如《老子》选三国魏王弼注，《论语》选三国魏何晏集解，《尔雅》选晋代郭璞注，等等。

五、典籍今注本在整理典籍善本基础上，对典籍进行重新注释，包括为生僻字、多音字注音；给难解的词语如古地名、职官、典制、典故等做注，为读者阅读、学习经典扫清障碍。

六、每部典籍卷首以彩色插页的形式放置若干面重要版本的书影，以直观展现典籍的历史样貌及版本源流。

七、每部典籍均撰写"导言"一篇，主要包括作者简介、创作背景、内容简介、时代价值、版本考释等方面内容。其中重点是时代价值，揭示每一种中华传统文化经典所蕴含的优秀基因和至今仍有借鉴意义的思想观念、人文精神、道德规范等，展示中华民族的独特精神标识，彰显中华传统文化经典的"魂"，满足读者借鉴、弘扬其积极内涵的需求，找准中华传统文化与社会主义核心价值观之间的深度契合点，指明每种经典在建设中华民族现代文明中能提供哪些宝贵资源。同时，对部分经典中存在的陈旧过时或已成为糟粕性的内容，予以明确揭示，提醒读者正确取舍，有鉴别地对待，有扬弃地继承，避免厚古薄今、以古非今。

八、校勘整理以对校为主，兼采他书引文、相关文献及前人成说，不做烦琐考证。选择一种或多种重要版本与底本对勘，以页下注的形式出校勘记，对讹、脱、衍、倒等重要异文进行说明，并适当指出旧注存在的明显问题。鉴于不同典籍在内容、体例、底本准确性等方面存在较大差异，《文库》对是否校改原文及具体校勘方式不作严格统一，每种典籍依具体情况灵活处理，并在书前列"整理说明"。

九、《文库》原则上采用简体横排的形式，施以现代新式标点，不使用古籍整理中的专名号。古注本的注文依底本排在正文字句间，改为单行，变更字体字号与正文相区别。

十、《文库》原则上使用规范简化字，依原文具体语境、语义酌情保留少量古体字、异体字、俗体字。《说文解字》《尔雅》等古代字书则全文使用繁体字排印。

《新时代万有文库》编辑委员会
2023年10月

目　录

老子

老子

导　言

　　《老子》是先秦道家学派的经典著作，反映了中国古人的养生主张、哲学思想和治国理念，凝聚了中华优秀传统文化的智慧精华。由此形成的认知思维和处世态度，展现出中华民族独特的精神世界和价值追求。

一

　　《老子》一书，相传为春秋老子所著。老子，姓李，名耳，字聃，楚国苦县（今河南鹿邑东）厉乡曲仁里人。根据司马迁《史记》的记载，老子曾任周守藏室之史。这个官职，在司马贞《史记索隐》中被称为柱下史，主要掌管周朝藏书室的图书典籍。不过，《史记·老子韩非列传》中的老子并非只此一人。除李耳之外，与孔子同时的楚人老莱子、在孔子之后的周太史儋也被认为是老子其人。对于后两者，司马迁以"或曰"隐微地表达史家的谨慎态度。

　　一般认为，《老子》不太可能出现于春秋末年。它应当是战国初年的作品，反映了战国早期的诸子思想和用语习惯。实际上，先秦诸子的著作大都经过传抄辑录编订而成，余嘉锡《古书通例》指出："其编次也，或出于手定，或出于门弟子及其子孙，甚或迟至数十百年，乃由后人收拾丛残为之定著。"**❶**门人弟子在抄纂和整理过程中，往往有所增删损益。而增益的部分，不免带有编者的时代痕迹。如《老子》书中"大道废，有仁义""绝仁弃义""失仁而后义"等语句均将"仁义"并举，而这种说法在《论语》之中尚未出现。

相传孔子曾问礼于老子，这个故事在中国早期经典文本中不乏类似的表述。《吕氏春秋·仲春纪·当染》说"孔子学于老聃"**❷**，《庄子·外篇》也有几篇关于孔老问答的记载，比如《天地》《天道》《天运》《田子方》《知北游》等等。不管是问礼，问道，还是问仁义，都是在道家学派兴起以后才出现的说法。其实，司马迁在《史记·孔子世家》中也并未使用肯定的语气，而是闪烁其词地说："适周问礼，盖见老子云。"**❸**因此，人们对于孔子问礼的传说形成了两种不同的意见。

一方面，孔子"问礼于老子"确有传世文献和出土文献的证据。除了《孔子世家》的记载，《史记·老子韩非列传》也说："孔子适周，将问礼于老子。"**❹**在《礼记·曾子问》中，老聃的言论出现了四次。故此，汪中《老子考异》认为

---

❶ 余嘉锡：《古书通例》卷三《论编次第三》"古书单篇别行之例"，中华书局，2007，第265页。

❷ 许维遹：《吕氏春秋集释》卷二《当染》，中华书局，2009，第52页。

❸ ［汉］司马迁：《史记》卷四七《孔子世家》，中华书局，1982，第1909页。

❹ ［汉］司马迁：《史记》卷六三《老子韩非列传》，中华书局，1982，第2140页。

老聃是"孔子之所从学者，可信也"❶。而时代更晚的众多汉画像石孔子见老子图像，说明问礼故事在汉代民间已经广泛流传。尽管如此，汪中还是提出了自己的疑惑：

> 夫助葬而遇日食，然且以见星为嫌；止柩以听变，其谨于礼也如是。至其书，则曰"礼者，忠信之薄，而乱之首也"。下殇之葬，称引周召、史佚，其尊信前哲也如是；而其书则曰"圣人不死，大盗不止"。彼此乖违，甚矣！故郑注谓"古寿考者"之称，黄东发《日钞》亦疑之，而皆无以辅其说。❷

对此，胡适举《论语》论证其中有比"礼"更为根本的存在，并且认为："古传说里记载着孔子曾问礼于老子，这个传说在我们看来，丝毫没有可怪可疑之点。儒家的书记载孔子'从老聃助葬于巷党'，这正是最重要的历史证据。"❸胡适有意区分老子"老儒"和孔子"新儒"的概念，来消弭儒道隔阂。

另一方面，孔子"适周问礼"与《老子》宗旨仍有抵牾难通之处。自从周道衰微，孔子殁后，儒家诗书毁于秦火，黄老之学兴于汉初。后人谈论仁义道德，要么归入杨朱一派，要么归入墨翟一派；要么归入道家一派，要么归入佛家一派。然而，儒道二家道不同不相为谋，司马迁记录了孔子思想与老子思想相互冲突对抗的史实："世之学老子者则绌儒学，儒学亦

---

❶ 李金松校笺：《述学校笺·补遗·老子考异》，中华书局，2014，第601页。

❷ 李金松校笺：《述学校笺·补遗·老子考异》，中华书局，2014，第602页。

❸ 胡适：《中国思想史》，华东师范大学出版社，2015，第54页。

绌老子。"❶对于后世儒家反取道家传说的做法，韩愈在《原
道》里提出了批评：

> 后之人其欲闻仁义道德之说，孰从而听之？老者
> 曰：孔子，吾师之弟子也。佛者曰：孔子，吾师之弟
> 子也。为孔子者习闻其说，乐其诞而自小也，亦曰：
> 吾师亦尝师之云尔。不惟举之于其口，而又笔之于其
> 书。❷

韩愈驳斥佛老、尊崇儒学，认为"孔子，吾师之弟子也"不过
是道家一派为提高自身地位而作的荒诞谬说。古史辨派顾颉刚
进而指出："这不是讹传的谣言，乃是有计划的宣传。老子这
个学派大约当时有些势力，但起得后了，总敌不过儒家……
于是他们造出一件故事，说孔子当年到周朝时曾向老子请教
过。"❸实际上，《老子》第三十八章清晰地表达了老子对礼
的态度："夫礼者，忠信之薄而乱之首。"彼时的老子还是一
个不务外饰、反对敬礼修文的学者。而《礼记·曾子问》却有
老子答孔子问庙主、问葬礼的话。此时的老子则是一个深谙丧
礼的大师。这两种相互冲突的老子形象，令人对孔子问礼事件
的真实性产生怀疑。

---

❶ ［汉］司马迁：《史记》卷六三《老子韩非列传》，中华书局，
1982，第2143页。

❷ ［唐］韩愈著，刘真伦、岳珍校注：《韩愈文集汇校笺注》卷一
《原道》，中华书局，2010，第1-2页。

❸ 顾颉刚：《秦汉的方士与儒生》，北京出版社，2012，第44页。

老子生活的春秋晚期，是个诸侯争霸、战乱频繁、民不聊生的动荡时代。士人面对王室衰微的情形，纷纷周游列国，为诸侯出谋划策，从而形成春秋战国"百家争鸣"的繁盛局面。班固在《汉书·艺文志》中列出诸子一百八十九家，并将其归纳为儒家、道家、阴阳家、法家、名家、墨家、纵横家、杂家、农家、小说家等十家。然而，"诸子十家，其可观者九家而已"。因为小说家出于稗官野史，不过记录些街谈巷语、道听途说罢了，所以班固将其剔除出去。这便形成了后世"九流十家"的称谓。

关于"九流十家"兴起的原因，班固有一段精辟的论述，说他们：

> 皆起于王道既微，诸侯力政，时君世主，好恶殊方，是以九家之术蜂出并作，各引一端，崇其所善，以此驰说，取合诸侯。其言虽殊，辟犹水火，相灭亦相生也。仁之与义，敬之与和，相反而皆相成也。❶

在礼崩乐坏的局势之下，儒家主张本仁行义、崇尚礼法，希望帮助人君顺应阴阳、昌明教化。其余各家或精于人生事理，或观乎日月星辰，在对人文与天文的敏锐分析与判断中，通古今之变，察福祸之机：墨家兼爱非攻，法家任势奉法，名家循名责实，阴阳家敬顺昊天，纵横家权事制宜，杂家兼儒墨、合名法，农家播百谷、劝耕桑。与之不同，道家主张清虚自守、卑

---

❶ ［汉］班固：《汉书》卷三〇《艺文志》，中华书局，1962，第1746页。

弱自持，"无为而无不为"，给君主提供南面之术。

　　《老子》五千言正是在这种政治及学术环境中应运而生的。《史记》说："老子修道德，其学以自隐无名为务。居周久之，见周之衰，乃遂去。"❶如果依班固的说法，那么道家出于史官，他们历记成败、存亡、福祸、古今之道。在残酷的政治斗争和严峻的社会矛盾面前，道家选择远离社会现实，不受尘世纷扰。这些人有的大隐隐于朝，有的小隐隐于野。被道家思想浸染的士人，往往寄情山水，探索天道自然的运行法则，希望法天之术消灾除病、治国安民。更有甚者，企图绝去礼学，兼弃仁义，从而返回人类本真的状态。因此，道家逐步形成了以论道、修身、养生、治国为核心的理论体系。

三

　　《老子》共八十一章，大部分是韵文，小部分是散文。其主要内容是用道论来解释宇宙生成和万物本性，并借助天道观察人道，为修己治人服务。因此，在《老子》中，我们既能看到修身、养生的主张，也能看到治国、议兵等内容。

　　（一）道论

　　道是宇宙生成之源，也是万物运行规律。如《老子》第一章说："道可道，非常道；名可名，非常名。无名天地之始，有名万物之母。"又如第四十章说："天下万物生于有，有生于无。"再如第四十二章说："道生一，一生二，二生三，三

---

❶［汉］司马迁：《史记》卷六三《老子韩非列传》，中华书局，1982，第2141页。

生万物。"道乃是万物混沌的状态，由道生成物质初元，再生成阴阳二气。阴阳交合，从而衍生万物。

道无法通过器官感知，却始终存在于自然之中。如第十四章说："视之不见名曰夷，听之不闻名曰希，搏之不得名曰微。此三者，不可致诘，故混而为一。其上不皦，其下不昧。绳绳不可名，复归于无物。是谓无状之状，无物之象，是谓惚恍。"又如第二十一章说："道之为物，惟恍惟惚。惚兮恍兮，其中有象；恍兮惚兮，其中有物。窈兮冥兮，其中有精；其精甚真，其中有信。"道无状、无象、无声、无响，深远幽微而不能以视觉、听觉、触觉感受其实体。

道清净无为，生养万物而无欲无私。因此《老子》说："道常无为，而无不为。"（三十七章）道就像水一样，永利万物，不争不抢，有养育之德，不居功自大。"以其终不自为大，故能成其大。"（三十四章）

《老子》用道来统摄天地，以道作为万物的支配。第二十五章说："人法地，地法天，天法道，道法自然。"换言之，人世间的运转秩序，也应当取法自然。

（二）修身及养生论

修身讲究专气致柔、涤除玄览，保持婴儿般纯真无邪的状态，在身处复杂人世时，以自然、柔弱的姿态守护灵魂。如《老子》第七十六章说："人之生也柔弱，其死也坚强。万物草木之生也柔脆，其死也枯槁。故坚强者死之徒，柔弱者生之徒。是以兵强则不胜，木强则兵。强大处下，柔弱处上。"在待人接物之时，清晰认识宠辱荣患。如若尚名好高，贪货无厌，得利虽多，也容易陷入丧失其身的危险境地。只有抛弃私欲，做到"无身"，才能远离祸患。

《老子》论修身注重慈爱、俭省、谦卑。第六十七章说："我有三宝，持而保之：一曰慈，二曰俭，三曰不敢为天下先。慈，故能勇；俭，故能广；不敢为天下先，故能成器长。"从水性善利万物、以弱胜强的特质中，《老子》总结出"为而不争"的人性法则："天下莫柔弱于水，而攻坚强者莫之能胜，其无以易之。弱之胜强，柔之胜刚，天下莫不知，莫能行。"（七十八章）

强弱、刚柔、福祸可以相互转化。第五十八章说："祸兮福之所倚，福兮祸之所伏。"圣人知晓物极必反的道理，他们不自见、不自是、不自伐、不自矜，"方而不割，廉而不刿，直而不肆，光而不耀"（五十八章）。修身养生者将个体行为控制在适度范围之内，"知足不辱，知止不殆，可以长久"（四十四章）。

（三）治国及议兵论

治理国家应当效法自然，畅达物情。第三十九章说："故贵以贱为本，高以下为基。是以侯王自谓孤、寡、不穀。此非以贱为本邪？"圣人认识到贵贱、高下的对立统一关系，能够谦卑处下，善待万民。一方面，不用奸巧智力，不用仁义孝慈，见素抱朴，使自己去甚、去奢、去泰；另一方面，不尚贤显名，不加剧竞争，顺应自然，使百姓不争、不盗、不乱。不扰民、伤民、害民，甚至让百姓感受不到君主的存在。第五十七章说："故圣人云：我无为而民自化，我好静而民自正，我无事而民自富，我无欲而民自朴。"

执政之道在于厚生。租税繁多必使百姓深受饥荒之苦，从而导致"民之难治"以及"民不畏死"。圣人应当学习天道"损有余而补不足",处盈全虚,和光同尘,故第七十七章说:"孰能有余以奉天下?唯有道者。是以圣人为而不恃,功成而不处,其不欲见贤。"

而贼害人民、残荒田亩最甚的无疑是战争。《老子》认为兴兵打仗乃不祥之兆,必然给交战双方都带来极大的灾难,"师之所处,荆棘生焉。大军之后,必有凶年"(三十章)。主动发起战争的一方,终究不可能得志于天下。而被迫迎战的一方,要以谦退哀慈应对,"祸莫大于轻敌,轻敌几丧吾宝。故抗兵相若,哀者胜矣"(六十九章)。正因如此,有人将《老子》当作一部兵书,唐人王真就说:"由是特建五千之言,故先举大道至德,修身理国之要,无为之事,不言之教,皆数十章之后,方始正言其兵。原夫深衷微旨,未尝有一章不属意于兵也。"❶

四

《老子》及其所代表的道家思想强调以自然为法,主张仁义发乎内心,反对贵礼敬、务外饰的行为,这为中国古人执政爱民提供了取之不尽的智慧源泉。同时,《老子》一书蕴含的哲学精神、政治理念、人文思想和养生主张,对中华民族的文学与文化、治身与治国都产生了深远的影响。

首先,《老子》展现了道家清静无为的思想旨趣。作为

---

❶ 〔唐〕王真:《道德经论兵要义述·叙表》,《道藏》第13册,上海书店出版社,1988,第632页。

中国古代哲学的重要源头，《老子》"以无为用"的理念与儒家"仁义""礼乐"的教化大异其趣。到了魏晋时期，士人逐渐摆脱儒家经学的禁锢，嵇康公然宣称"越名教而任自然"，希望顺应人性、畅达物情。以何晏、王弼为代表的一批知识精英跳出传统的思维模式，通过"祖述老庄"为讨论形名、言意等玄远论题张本。在王弼等玄学家的理论体系之中，自然与生命显然是超越名教与礼制的更重要内容，人的主题由此得到凸显。《老子》以天道统摄人道，通过摒弃圣智、仁义、巧利等外饰复归朴素寡欲，达到贵生为我、无欲自朴的目的。道家这种独特的思想，与儒家互为补充，共同塑造了中华文明进退出处的心理特征，构成了中华民族基本的人生思想。传统士人在初出茅庐之际，往往充满强烈的儒者淑世情怀，期望"致君尧舜"，建立伟大事功；在遭遇逆境之后，则又能融合佛老，以超旷从容的心态面对人生苦难。中国古代文人如李白、苏轼等表现出来的豪放洒脱个性，无不是道家精神的外化。他们在仕途失意之时，很大程度上是依靠道家信仰才得以解脱。这种知足守常、豁达随缘的心态，至今仍然散发着中华文明永恒的智慧光辉。

其次，《老子》显示了中国文化经典的独特魅力。《老子》强调万事万物相反相成，主张无为、无欲的价值观念，以此来处理人与自然、人与他人、人与社会之间的复杂关系。这种深刻的哲学思想，不仅随时代需要发生改变，还随阐释主体的变化而变化。经过中外学者的译介，《老子》及其注释跨出国门走向域外，其普适思想在全球产生了广泛而深远的影响。早在唐朝，唐太宗就敕令玄奘以梵文翻译《道德经》。明清时期，来华传教士在《老子》与《圣经》上寻找文化的共同之处，促进了中国传统文化典籍的西传。随后出现的还有《老子》拉丁文、日文、俄文、法文、英文等数十种语言的上千种译本。各种外译本的解老立场，多少带有其他语境中的意识形态痕迹。因此，我们可以在世界各民族的《老子》译本中看到基督教教义乃至唯物主义、民族主义的因素。老子及其思想在域外的传播，是中华优秀传统文化走向世界的典范，在中西文化交流互鉴方面发挥着重要的纽带作用。

再次，《老子》揭示了治身以及治国的修养策略。《老子》主张"道法自然"，通过以水为喻提出"弱之胜强，柔之胜刚"的深邃道理。道家的这种哲学思想，被汉代人当作南面之术。汉文帝及窦皇后均好黄老之言，河上公著《老子章句》以授文帝，"言治身治国之要"❶。也就是说，《老子》所谓清虚无为、专气致柔的养生方法，不仅是一种修身之术，而且是一种权谋之术。譬如，《老子》第五十七章说："我无为而民自化，我好静而民自正，我无事而民自富，我无欲而民自朴。"将无为贵静的黄老之学推广到全国，便可以有效安定天下民心、抑制权臣野心。同时，《老子》"谷神不死，是谓玄牝"的隐晦说法，被道士附会到神怪之上。谢无量认为："然其所谓修养之法，率在精神之中。后世神仙家祖述其说，乃或求助物质，以流为烧丹导引种种之术，其迁变异同甚众。"❷

---

❶ ［唐］陆德明撰，吴承仕疏证，张力伟点校：《经典释文序录疏证》，中华书局，2008，第135–136页。

❷ 谢无量：《中国哲学史》第一编下第一章《道家》，中华书局，1916，第12页。

换言之，《老子》思想的意义不在于道教鬼神之事，而在于其本文与注疏共同构建的养生理论。通过"营魄抱一"，达到精神魂魄的专一；通过"善摄生"，达到"无死地"的境界；通过"致虚极，守静笃"，涤除外界环境对内心的干扰，达到澄明透彻的体道状态。一旦参透了事物的本质，那么来自声色、名利的诱惑与困扰便会逐渐消减。无为与不争、柔弱与虚静，可以永葆温柔醇厚的美好品格，使人们在纷繁复杂的社会生活中远离祸患。

五

《老子》旧本众多，班固《汉书·艺文志》著录了邻氏《老子邻氏经传》、傅氏《老子傅氏经说》、徐少季《老子徐氏经说》、刘向《说老子》，可惜汉代的这些注本均已亡佚。严遵的《老子指归》残存至今，不过其中经文已被人窜改不少。1973年湖南长沙马王堆第三号汉墓出土的帛书《老子》甲、乙本，是目前所见最古的抄本。

《老子》传本最为流行的是河上公注本和王弼注本。唐开元中，史学家刘知幾奏请黜河上公升王弼所注，因为议者认为河上公注"以养神为宗，以无为为体"❶，而"王弼所著，义旨为优"❷。朱谦之在《老子校释》中指出："河上本近民间系统，文句简古，其流派为景龙碑本、遂州碑本与敦煌本，

---

❶ ［宋］王溥：《唐会要》卷七七《贡举下·论经义》，中华书局，1955，第1409页。

❷ ［宋］王溥：《唐会要》卷七七《贡举·论经义》，中华书局，1955，第1408页。

多古字，亦杂俗俚。王本属文人系统，文笔晓畅，其流派为苏辙、陆希声、吴澄诸本，多善属文，而参错己见，与古《老子》相远。"❶

王弼，字辅嗣，三国魏山阳高平人。生于黄初七年（226），殁于正始十年（249）。辅嗣辞才逸辩，好论儒道，尝注《周易》及《老子》，与何晏并为魏晋玄学的重要创始人。据《世说新语·文学》记载："何晏注《老子》未毕，见王弼自说注《老子》旨。何意多所短，不复得作声，但应诺诺，遂不复注，因作《道德论》。"❷三国魏正始年间，士人热衷于讨论有无、本末、体用、言意等理论问题，形成了所谓的"正始玄风"，并将《老子》《庄子》《周易》三书称为"三玄"。

王弼哲学思想的核心观点是"以无为本"和"崇本举末"。他说："天下之物皆以有为生，有之所始以无为本。将欲全有，必反于无也。"（四十章注）换言之，天地万物以有形、有名、有象为存在，而存在的根本是"无"。他又说："守母以存其子，崇本以举其末，则形名俱有而邪不生，大美配天而华不作。故母不可远，本不可失。仁义，母之所生，非可以为母；形器，匠之所成，非可以为匠也。舍其母而用其子，弃其本而适其末，名则有所分，形则有所止。"（三十八章注）即要以本、母统摄末、子，长之、育之、亭之、毒之，

---

❶ 朱谦之：《老子校释·序文》，中华书局，1984，第1页。
❷ 余嘉锡笺疏：《世说新语笺疏》卷上之下《文学》，中华书局，2007，第237页。

从而成就万物。

　　《老子道德经》王弼注最早载于《隋书·经籍志》，唐陆德明《经典释文》为之作了注音释义。隋唐以降，王弼注本逐渐式微，宋代已称稀见，至清代时能够见到的比较完整的本子是明万历年间华亭张之象刻本。《四库全书总目》称："钱曾《读书敏求记》谓弼注《老子》已不传。然明万历中华亭张之象实有刻本，证以《经典释文》及《永乐大典》所载，一一相符。《列子·天瑞篇》引'谷神不死'六句，张湛皆引弼注以释之，虽增损数字，而文亦无异。知非依托，曾盖偶未见也。此本即从张氏《三经晋注》中录出，亦不免于脱讹，而大致尚可辨别。"❶该本卷末有政和乙未（1115）晁说之跋、乾道庚寅（1170）熊克重刊跋。晁说之跋云："然弼题是书曰《道德经》，不析乎道、德，而上、下之，犹近于古欤！其文字则多误谬，殆有不可读者，令人惜之。"熊克也说："既又得晁以道先生所题本，不分道、德而上、下之，亦无篇目。克喜其近古，缮写藏之。"由此可见，《老子》王弼注在宋代已经不分《道经》和《德经》。而今本《经典释文》上卷题《道经音义》，下卷题《德经音义》，与张之象本及晁、熊二跋皆不相符。四库馆臣以张之象本为底本，以《永乐大典》本校订，收入《四库全书》中，并有武英殿聚珍版印行。下篇第三十八章以下，《永乐大典》本缺注，张之象本所录王注脱误甚多，

---

　　❶ ［清］永瑢等：《四库全书总目》卷一四六子部道家类，中华书局，1965，第1243页。

"今无别本可校，姑仍旧文"❶。

明万历华亭张之象刻本现已不存，今见有清光绪元年（1875）浙江书局重刻华亭张之象本《老子道德经》二卷。是书半叶九行，行二十一字，双行小字同。版心镌"老子道德经上篇""老子道德经下篇"。卷末有晁说之、熊克跋，附陆德明《经典释文·道经音义》和《德经音义》，并有《附识》校勘异文。卷首篇题下标明"华亭张氏原本"，而实际上它已据武英殿本作了部分校订。除《附识》所注"俱遵聚珍本据《永乐大典》校改"内容外，尚有校改而未注明之处。比如，五章王弼注"造立施化，则物失其真"之"造立施化"，武英殿本馆臣案："原本脱此四字，今据《永乐大典》校补。"❷十八章王弼注"更以施慧立善"，武英殿本馆臣案："'施'，原本作'於'，今据《永乐大典》校改。"❸如此种种，该本文字多与武英殿本同。经过反复印刷，书版受损严重，文字漫漶不清。光绪二十七年（1901）季夏，浙江书局重刊校补《二十二子》，于卷首增列《二十二子》书目，将《老子》作为该丛书的第一种著作。本书整理所依据的底本即为浙江书局重刻校补本。

此外，明刻《道藏》洞神部玉诀类中有《道德真经注》

---

❶ ［魏］王弼注：《老子道德经》下篇三十八章，天津图书馆藏武英殿聚珍版，第1页。

❷ ［魏］王弼注：《老子道德经》上篇五章，天津图书馆藏武英殿聚珍版，第5页。

❸ ［魏］王弼注：《老子道德经》上篇十八章，天津图书馆藏武英殿聚珍版，第17页。

四卷，楼宇烈认为较接近张之象原本。❶该书分卷与张之象本不同，全书分为四卷，其中一章至二十章为卷一，二十一章至三十七章为卷二，三十八章至五十八章为卷三，五十九章至八十一章为卷四，王弼注散入各卷之中。王葆玹认为："《道藏》中王注《老子》分四卷是由于统一改编，重行分卷，非由所据底本的荒谬所致，亦非对王本特加改窜。"❷

　　明刻《道藏》中存有王弼注的版本还有《道德真经集注》和《道德真经集义》。《道德真经集注》十卷，集唐明皇、河上公、王弼、王雱四家旧注，前有唐明皇、葛玄、王雱序，末有元符元年（1098）十月一日前权英州军事判官梁迥《后序》。梁迥曰："老氏之书传于世也久矣。其言微，其旨远，而莫能极。学者非明白洞达穷道德性命之理，未易测其津涯也……其玄则为众妙之门，其粗则治家、治国、治天下无乎不在。昔之为注者有三：曰河上公，曰明皇，曰王弼。夫三家之说，其间不能无去取。然各有所长，要其归宿，莫非究大道之本……太守张公深达夫道德性命之理，以文章作人，以经术训多士。常患夫执经者不知道，乃命黉舍之学者参其四说，无复加损，刊集以行于时而广其教。"❸《道德真经集义》十七卷，为元刘惟永编集，宋丁易东校正，原有三十一卷，《道藏》中仅存十七卷，至十一章止。此书《考异》云："河上公

---

❶　［魏］王弼著，楼宇烈校释：《王弼集校释·校释说明》，中华书局，1980，第13页。
❷　王葆玹：《正始玄学》，齐鲁书社，1987，第169页。
❸　［宋］梁迥：《道德真经集注·后序》，《道藏》第13册，上海书店出版社，1988，第105页。

本分道、德为二篇，今从王辅嗣本。"❶

　　明代的王弼注本，除了《道藏》本和《永乐大典》本外，还有孙鑛《老子道德真经》二卷。德国汉学家瓦格纳认为，其《老子》本文是基于张之象本，其王弼注是依据《道藏》本。❷该本是日本学者宇惠等人研究王弼注的基础文本，日本明和七年（清乾隆三十五年，1770），宇惠考订本《王注老子道德经》就用了孙鑛的《道德经古今本考正》。宇惠在《刻老子王注序》中说："《老子》正文，诸书所引有不存者，则固有脱文，而文字异同亦甚多矣。焦竑《翼注》有《考异》，王注旧刻附孙鑛《古今本考正》，今共标于层，冠以'考异''考正'。二考外尚有异同，诸书随见随记，及王注错误今改正者，共冠'考'一字，而标于层。"❸东条弘《老子王注标识》则以宇惠刻本为底本，推寻王注以证经文。该书考证精密准确，通过参校张之象本、武英殿本、毕沅《经训堂丛书》所载傅奕本等本子及多种古文献来订正今本之误。光绪年间，黎庶昌担任驻日公使期间在日本东京主持刊刻发行《古逸丛书》，其中《集唐字老子道德经注》二卷也以宇惠刻本为基础。黎氏在《叙目》中说："日本有摹刻张参《五经文字》、唐玄度《九经字样》甚精，与石本无异。又有南总宇惠考订晁

❶　［元］刘惟永编集，　［宋］丁易东校正：《道德真经集义》卷一，《道藏》第14册，上海书店出版社，1988，第84页。

❷　［德］瓦格纳著，杨立华译：《王弼〈老子注〉研究》，江苏人民出版社，2009，第340页。

❸　［日］宇惠考订：《王注老子道德经·刻老子王注序》，日本松山堂版，第3页。

以道本王辅嗣《老子道德经注》，今合以局刻华亭张氏本，集张、唐二家经字为之。" ❶

　　此外，易顺鼎《读老札记》、陶鸿庆《读诸子札记》、楼宇烈《王弼集校释》、波多野太郎《老子道德经研究》等荟萃诸家，总结与吸收前人成果，在校理《老子》经文及王弼注释方面也做出了重要贡献，均是我们整理、研读王弼注《老子》的可贵资粮。

---

❶　〔清〕黎庶昌：《拙尊园丛稿》卷六《古逸丛书叙目》，《清代诗文集汇编》第733册，上海古籍出版社，2010，第682页。

整理说明

一、本书以清光绪二十七年（1901）浙江书局重刻校补明华亭张之象本《老子道德经》为底本（《四部备要》本及《诸子集成》本与此本同），参校马王堆汉墓出土帛书《老子》甲本、乙本（据中华书局1996年出版的高明《帛书老子校注》，简称帛书《老子》甲本、乙本），明刻《道藏》中《道德真经注》（简称"《道藏》经注本"）、《道德真经集注》（简称"《道藏》集注本"）、《道德真经集义》（简称"《道藏》集义本"），武英殿聚珍版《老子道德经》（简称"武英殿本"），黎庶昌《古逸丛书》所收《集唐字老子道德经注》（简称"《古逸丛书》本"），同时征引《列子》张湛注、《文选》李善注、易顺鼎《读老札记》、陶鸿庆《读诸子札记》、宇惠《王注老子道德经》、东条弘《老子王注标识》、楼宇烈《王弼集校释》诸说。

二、对于重要异文及讹、脱、衍、倒之处作校记于页脚。凡有异文，均标明版本出处；凡有引用，辄具详作者姓名。举凡一般的异体字、避讳字及由底本写刻造成的讹字、俗字等，原则上径改不出校记。

三、采用简体横排、旧注随文的编排方式，底本双行夹注改为单行排列，以小字与经文大字相区别。

四、底本卷末有晁说之跋和熊克重刊跋，今附录于后，以

老
子

资参考。原附《经典释文·老子道德经音义》和《附识》则删去不录。

　　五、底本注文中文字错讹不通之处甚多。为便于说明校改前后差异，底本的错字、衍文一依原文保留，改用小字排列，外加（　）号；改正、增补的文字，外加〔　〕号标示。

上篇

一章

道可道，非常道；名可名，非常名。可道之道，可名之名，指事造形，非其常也。故不可道、不可名也。无名天地之始，有名万物之母。凡有皆始于无，故未形无名之时，则为万物之始。及其有形有名之时，则长之、育之、亭之、毒之，为其母也。言道以无形无名始成万物，〔万物〕以始以成而不知其所以〔然〕❶，玄之又玄也。故常无欲，以观其妙；妙者，微之极也。万物始于微而后成，始于无而后生。故常无欲空虚，可以观其始物之妙。❷常有欲，以观其徼。徼，归终也。凡有之为利，必以无为用；欲之所本，适道而后济。故常有欲，可以观其终物之徼也。此两者同出而异名，同谓之玄，玄之又玄，众妙之门。两者，始与母也。同出者，同出于玄也。异名，所施不可同也。在首则谓之始，在终则谓之母。玄者，冥也，默然无有也，始、母之所出也。不可得而名，故不可言同名曰玄。而言

---

❶ "万物以始以成而不知其所以然"，据陶鸿庆说校改。陶鸿庆《读诸子札记》云："'万物'二字当叠，'所以'下夺'然'字。"

❷ "故常无欲空虚，可以观其始物之妙"，《道藏》集注本、《道藏》集义本于"空虚"下有"其怀"二字。据下文注"故常有欲，可以观其终物之徼也"，疑"空虚"为衍文，且"妙"下有"也"字。

〔同〕谓之玄者，取于不可得而谓之然也。〔不可得而〕谓之然，则不可以定乎一玄而已。〔若定乎一玄〕❶，则是名则失之远矣，故曰"玄之又玄"也。众妙皆从（同）〔玄〕而出，故曰"众妙之门"也。❷

---

❶ "若定乎一玄"，据《道藏》集注本校补。

❷ "而言同谓之玄者"以下，据陶鸿庆说校改。陶云："自'不可得而名'以下，谬误几不可读。今以义考之，原文当云：'不可得而名，故不言同名曰玄，而言同谓之玄者，取于不可得而谓之然也。不可得而谓之然，则不可以定乎一玄而已，故曰玄之又玄也。则是名则失之远矣。众妙皆从玄而出，故曰众妙之门也。'注意谓经文不言'同名曰玄'，而言'同谓之玄'者，若不可得而谓之者然。犹言无以称之，强以此称之而已。既无称而强以此称，则不可定乎一玄。玄且不可定，况可以'始'与'母'者名之乎？故曰'名则失之远矣'。'从同'当为'从玄'，涉上文而误。"

｜二章｜

天下皆知美之为美，斯恶已；皆知善之为善，斯不善已。故有无相生，难易相成，长短相较，高下相倾，音声相和，前后相随。美者，人心之所进乐❶也；恶者，人心之所恶疾也。美恶，犹喜怒也；善不善，犹是非也。喜怒同根，是非同门，故不可得而偏举也。此六者，皆陈自然，不可偏举之明数也。是以圣人处无为之事，自然已足，为则败也。行不言之教，万物作焉而不辞，生而不有，为而不恃，智慧自备，为则伪也。功成而弗居。因物而用，功自彼成，故不居也。夫唯弗居，是以不去。使功在己，则功不可久也。

---

❶ "进乐"，《古逸丛书》本作"乐进"。

三章

不尚贤，使民不争；不贵难得之货，使民不为盗；不见可欲，使民心不乱。贤，犹能也。尚者，嘉之名也。贵者，隆之称也。唯能是任，尚也曷为？唯用是施，贵之何为？尚贤显名，荣过其任，为而常校能相射❶。贵货过用，贪者竞趣，穿窬探箧，没命而盗。故可欲不见，则心无所乱也。**是以圣人之治，虚其心，实其腹，**心怀智而腹怀食，虚有智而实无知也。❷**弱其志，强其骨。**骨无知以干，志生事以乱。（心虚则志弱也。）❸**常使民无知无欲，**守其真也。**使夫智者不敢为也。**智❹者，谓知为也。**为无为，则无不治。**

---

❶ "为而常校能相射"，陶鸿庆认为："自'唯能是任'以下十二句，句皆四字，'能相射'三字上当有脱文。"《道藏》集注本、《道藏》集义本此七字作："下奔而竞，效能相射。"

❷ "心怀智"以下，陶鸿庆认为"怀智"不成辞，且与《老子》"绝圣弃智"宗旨背离。"虚有智"，或沿袭"怀智"之误而误，疑本作"虚无欲"。

❸ "心虚则志弱也"，《道藏》经注本、《道藏》集注本、《道藏》集义本无此六字。

❹ "智"，《古逸丛书》本、《道藏》经注本、《道藏》集注本作"知"。

四章

　　道冲而用之或不盈，渊兮似万物之宗。挫其锐，解其纷，和其光，同其尘。湛兮似或存。吾不知谁之子，象帝之先。夫执一家之量者，不能全家；执一国之量者，不能成国；穷力举重，不能为用。故人虽知万物治也，治而不以二仪之道，则不能赡也。地虽形魄，不法于天则不能全其宁；天虽精象，不法于道则不能保其精。冲而用之，用乃不能穷。满以造实，实来则溢，故冲而用之，又复不盈，其为无穷亦已极矣。形虽大，不能累其体；事虽殷，不能充其量。万物舍此而求主❶，主其安在乎？不亦渊兮似万物之宗乎？锐挫而无损，纷解而不劳，和光而不污其体，同尘而不渝其真，不亦湛兮❷似或存乎？地守其形，德不能过其载；天慊其象，德不能过其覆。天地莫能及之，不亦似帝之先乎？帝，天帝也。

---

❶ "求主"，《道藏》集注本、《道藏》集义本作"求其主"。
❷ "不亦湛兮"，《道藏》集注本作"其然乎"。

五章

天地不仁，以万物为刍狗；天地任自然，无为无造，万物自相治理，故不仁也。仁者必造立施化，有恩有为。造立施化，则物失其真；有恩有为，则物不具存。物不具存，则不足以备载。（矣）〔天〕❶地不为兽生刍，而兽食刍；不为人生狗，而人食狗。无为于万物而万物各适其所用，则莫不赡矣。若慧由己树，未足任也。**圣人不仁，以百姓为刍狗。**圣人与天地合其德，以百姓比刍狗也。**天地之间，其犹橐籥乎？虚而不屈，动而愈出。**橐，排橐也。籥，乐籥也。橐籥之中空洞，无情无为，故虚而不得穷屈，动而不可竭尽也。天地之中，荡然任自然，故不可得而穷，犹若橐籥也。**多言数穷，不如守中。**愈为之则愈失之矣。物树其（恶）〔慧〕❷，事错其言，〔不慧〕❸不济，不言不理，必穷之数也。橐籥而守（数）❹中，则无穷尽。弃己任物，则莫不理。若橐籥有意于为声也，则不足以共吹者之求也。

---

❶ "天"，据《道藏》集注本校改（此段注文《道藏》集注本误作河上公注）。

❷ "慧"，据陶鸿庆说校改。陶云："'恶'为'慧'字之误，'慧'与'惠'同。上文云：'若慧由己树，未足任也。'是其证。"

❸ "不慧"，据陶鸿庆说校补。陶云："'不济'上当夺'不慧'二字。'不慧不济，不言不理'，即承上二句而言。"

❹ "数"字当为衍文。《老子》经文作"不如守中"与上文王弼注"橐籥之中"可证。

六章

谷神不死，是谓玄牝。玄牝之门，是谓天地根。绵绵若存，用之不勤。谷神，谷中央无谷也，无形无影，无逆无违，处卑不动，守静不衰，（谷）〔物〕❶以之成而不见其形，此至物也。处卑（而）〔守静〕，不可得〔而〕名，故谓〔之玄牝〕。（天地之根，绵绵若存，用之不勤。）❷门，玄牝之所由也。本其所由，与〔太〕❸极同体，故谓之天地之根也。欲言存邪，则不见其形；欲言亡邪，万物以之生。故绵绵若存也。无物不成（用）❹而不劳也。故曰用而不勤也。

---

❶ "物"，据陶鸿庆说校改。陶云："'谷以之成'，当作'物以之成'。下文云：'欲言存邪，则不见其形；欲言亡邪，万物以之生。'即承此言。今误作'谷'，则不成义。"

❷ "处卑守静"以下，据陶鸿庆说校改。陶云："原文当云：'处卑守静，不可得而名，故谓之玄牝。门，玄牝之所由也。''处卑守静'，承上文'处卑不动，守静不衰'而言。今夺'守静'字，则文义不备。'不可得而名'，见一章注，此注'而'字误夺在上耳。'天地之根'以下十二字，分见下文，则此为复衍无疑。《列子·天瑞篇》张注，引此文'处卑'句误同，惟'故谓之玄牝'不误。"

❸ "太"，据《列子·天瑞篇》张湛注所引校补。

❹ "用"，据易顺鼎说校删。易云："《列子·天瑞篇》注引作'无物不成，而不劳也'。'而不劳'上本无'用'字，当据以订正。盖以'无物不成'解'用'，以'不劳'解'不勤'，后人加入'用'字，则'无物不成'为赘语矣。"

七章

　　天长地久。天地所以能长且久者，以其不自生，自生则与物争，不自生则物归也。故能长生。是以圣人后其身而身先，外其身而身存。非以其无私邪？故能成其私。无私者，无为于身也。身先身存，故曰"能成其私"也。

| 八章 |

上善若水。水善利万物而不争，处众人之所恶，人恶卑也。故几于道。道无水有，故曰"几"也。居善地，心善渊，与善仁，言善信，正善治，事善能，动善时。夫唯不争，故无尤。言（人）〔水〕皆应于（治）〔此〕道也。❶

---

❶　"言水皆应于此道也"，据《道藏》集注本、《道藏》集义本校改。

九章

持而盈之，不如其已。持，谓不失德也。既不失其德，又盈之，势必倾危。故不如其已者，谓乃更不如无德无功者也。**揣而锐之，不可长保。**既揣末令尖，又锐之令利，势必摧衄，故不可长保也。**金玉满堂，莫之能守。**不若其已。**富贵而骄，自遗其咎。**不可长保也。**功遂身退，天之道。**四时更运，功成则移。

| 十章 |

载营魄抱一，能无离乎？ 载，犹处也。营魄，人之常居处也。一，人之真也。言人能处常居之宅，抱一清神，能常无离乎？则万物自宾也。**专气致柔，能婴儿乎？** 专，任也。致，极也。言任自然之气，致至柔之和，能若婴儿之无所欲乎？则物全而性得矣。**涤除玄览，能无疵乎？** 玄，物之极也。言能涤除邪饰，至于极览，能不以物介其明，疵（之）❶其神乎？则终与玄同也。**爱民治国，能无知乎？** 任术以求成，运数以求匿者，智也。玄览无疵，犹绝圣也。治国无以智，犹弃智也。能无以智乎？则民不辟而国治之也。**天门开阖，能（无）〔为〕❷雌乎？** 天门，谓天下之所由从也。开阖，治乱之际也，或开或阖，经通于天下，故曰“天门开阖”也。雌应而不（倡）〔唱〕❸，因而不为。言天门开阖能为雌乎？则物自宾而处自安矣。**明白四达，能无为乎？** 言至明四达，无迷无惑，能无以为乎？则物化矣。所谓道常无为，侯王若能守，则

---

❶ “之”，据《道藏》集义本校删。“疵其神”与“介其明”同义。

❷ “为”，据《古逸丛书》本、《道藏》经注本、《道藏》集注本、帛书《老子》乙本校改，下文王弼注复述经文“言天门开阖能为雌乎”可证。

❸ “唱”，据《道藏》集注本、《道藏》集义本校改。

万物〔将〕**❶**自化。**生之，**不塞其原也。**畜之。**不禁其性也。**生而不有，为而不恃，长而不宰，是谓玄德。**不塞其原，则物自生，何功之有？不禁其性，则物自济，何为之恃？物自长足，不吾宰成，有德无主，非玄而何？凡言玄德，皆有德而不知其主，出乎幽冥。

---

❶ "将"，据三十七章经文校补。经文作："侯王若能守之，万物将自化。"

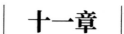

| 十一章 |

三十辐共一毂，当其无，有车之用。毂所以能统三十辐者，无也。以其无能受物之故，故能以（实）〔寡〕❶统众也。埏埴以为器，当其无，有器之用。凿户牖以为室，当其无，有室之用。故有之以为利，无之以为用。木、埴、壁所以成三者，而皆以无为用也。言无者，有之所以为利，皆赖无以为用也。

---

❶ "寡"，据陶鸿庆说校改。陶云："'实'为'寡'字之误。此释'三十共一'之义。"

| 十二章 |

　　五色令人目盲，五音令人耳聋，五味令人口爽，驰骋畋猎令人心发狂，爽，差失也。失口之用，故谓之爽。夫耳、目、口、心，皆顺其性也。不以顺性命，反以伤自然，故曰盲、聋、爽、狂也。**难得之货令人行妨。**难得之货，塞人正路，故令人行妨也。**是以圣人为腹不为目，故去彼取此。**为腹者以物养己，为目者以物役己，故圣人不为目也。

十三章

宠辱若惊，贵大患若身。何谓宠辱若惊？宠为下，得之若惊，失之若惊，是谓宠辱若惊。宠必有辱，荣必有患，（惊）〔宠〕**❶**辱等，荣患同也。为下，得宠辱荣患若惊，则不足以乱天下也。**何谓贵大患若身？**大患，荣宠之属也。生之厚，必入死之地，故谓之大患也。人迷之于荣宠，返之于身，故曰"大患若身"也。**吾所以有大患者，为吾有身，**由有其身也。**及吾无身，**归之自然也。**吾有何患？故贵以身为天下，若可寄天下；**无〔物可〕**❷**以易其身，故曰"贵"也。如此乃可以托天下也。**爱以身为天下，若可托天下。**无物可以损其身，故曰"爱"也。如此乃可以寄天下也。不以宠辱荣患损易其身，然后乃可以天下付之也。

---

❶ "宠"，据陶鸿庆说校改。陶云："'惊辱'亦当作'宠辱'。"

❷ "物可"，据陶鸿庆说校补。陶云："下句注云：'无物可以损其身，故曰爱也。如此乃可以寄天下也。'此注当云：'无物可以易其身，故曰贵也。如此乃可以托天下也。'十七章：'悠兮其贵言。'注云：'无物可以易其言。'释'贵'字与此同，是其证也。"又，《道藏》集注本"无"下有"物"字。

十四章

视之不见名曰夷，听之不闻名曰希，搏之不得名曰微。此三者，不可致诘，故混而为一。无状无象，无声无响，故能无所不通，无所不往，不得而知。更以我耳、目、体，不知为名，故不可致诘，混而为一也。其上不皦，其下不昧。绳绳不可名，复归于无物。是谓无状之状，无物之象，欲言无邪，而物由以成。欲言有邪，而不见其形。故曰"无状之状，无物之象"也。是谓惚恍。不可得而定也。迎之不见其首，随之不见其后。执古之道，以御今之有。有，有其事。能知古始，是谓道纪。❶无形无名者，万物之宗也。虽今古不同，时移俗易，故莫不由乎此，以成其治者也。故可执古之道，以御今之有。上古虽远，其道存焉。故虽在今，可以知古始也。

---

❶ "执古之道"以下经文，帛书《老子》甲本、乙本作："执今之道，以御今之有。以知古始，是谓道纪。"（帛书甲本"道纪"二字缺）

▏十五章▏

古之善为士者，微妙玄通，深不可识。夫唯不可识，故强为之容。豫焉若冬涉川，冬之涉川，豫然若欲度，若不欲度，其情不可得见之貌也。犹兮若畏四邻，四邻合攻中央之主，犹然不知所趣向者也。上德之人，其端兆不可睹，（德）〔意〕❶趣不可见，亦犹此也。俨兮其若容，涣兮若冰之将释，敦兮其若朴，旷兮其若谷，混兮其若浊。凡此诸若，皆言其容象不可得而形名也。孰能浊以静之徐清？孰能安以久动之徐生？夫晦以理，物则得明；浊以静，物则得清；安以动，物则得生。此自然之道也。孰能者，言其难也。徐者，详慎也。保此道者不欲盈。盈必溢也。夫唯不盈，故能蔽不新成。蔽，覆盖也。

---

❶ "意"，据陶鸿庆说校改。陶云："'德趣'当为'意趣'。十七章注云：'自然，其端兆不可得而见也，其意趣不可得而睹也。'与此同。"

十六章

致虚极，守静笃。言致虚，物之极笃；守静，物之真正也。❶**万物并作，**动作生长。**吾以观复。**以虚静观其反复。凡有起于虚，动起于静，故万物虽并动作，卒复归于虚静，是物之极笃也。**夫物芸芸，各复归其根。**各返其所始也。**归根曰静，是谓复命。复命曰常，**归根则静，故曰"静"。静则复命，故曰"复命"也。复命则得性命之常，故曰"常"也。**知常曰明。不知常，妄作，凶。**常之为物，不偏不彰，无皦昧之状、温凉之象，故曰"知常曰明"也。唯此复，乃能包通万物，无所不容。失此以往，则邪入乎分，则物离其❷分，故曰不知常，则妄作，凶也。**知常容，**无所不包通也。**容乃公，**无所不包通，则乃至于荡然公平也。**公乃王，**荡然公平，则乃至于无所不周普也。**王乃天，**无所不周普，则乃至于同乎天也。**天乃道，**与天合

---

❶ "言致虚"以下，陶鸿庆认为："'物之极笃'四字，盖涉下文'是物之极笃也'（'吾以观复'注）而误衍。原文当云：'致虚守静，物之真正也。''真正'即释'极笃'之义。"

❷ 《道藏》经注本、《道藏》集注本无"其"字。

老子

德，体道大通，则乃至于〔穷〕**❶**极虚无也。**道乃久，**穷极虚无，得道之常，则乃至于不穷**❷**极也。**没身不殆。**无之为物，水火不能害，金石不能残。用之于心则虎兕无所投其（齿）〔爪〕**❸**角，兵戈无所容其锋刃，何危殆之有乎？

---

❶ "穷"，据陶鸿庆说校补。下文王弼注云："穷极虚无，得道之常。"有"穷"字。

❷ "穷"，《古逸丛书》本、《道藏》经注本作"有"。

❸ "爪"，据《道藏》集注本校改。武英殿本校勘记引《永乐大典》本亦作"爪"。

｜十七章｜

太上，下知有之。太上，谓大人也。大人在上，故曰
"太上"。大人在上，居无为之事，行不言之教，万物作焉而
不为始，故下知有之而已，言从上也❶。其次，亲而誉之。
不能以无为居事，不言为教，立善行施，使下得亲而誉之也。
其次，畏之。不复能❷以恩仁令物，而赖威权也。其次，侮
之。不能法以正齐民❸，而以智治国，下知避之，其令不从，
故曰"侮之"也。信不足焉，有不信焉。夫御体失性，则疾
病生；辅物失真，则疵衅作。信不足焉，则有不信，此自然之
道也。已处不足，非智之所（齐）〔济〕❹也。悠兮其贵言。
功成事遂，百姓皆谓我自然。自然，其端兆不可得而见也，
其意趣不可得而睹也。无物可以易其言，言必有应，故曰"悠
兮其贵言"也。居无为之事，行不言之教，不以形立物，故功
成事遂，而百姓不知其所以然也。

---

❶ "言从上也"，《道藏》经注本、《道藏》集注本在经文"信不足
焉有不信焉"注之下。

❷ "复能"，《古逸丛书》本、《道藏》经注本、《道藏》集注本作
"能复"。

❸ "不能法以正齐民"，陶鸿庆认为："疑本作'不能以法齐民'。
'法'字古文作'全'，遂误为'正'。后人辄增'法'字以足义耳。"

❹ "济"，据《道藏》经注本、《道藏》集注本校改。

| 十八章 |

大道废，有仁义；失无为之事，更以施慧立善，道进物也。慧智出，有大伪；行术用明，以察奸伪，趣睹形见，物知避之。故智慧出则大伪生也。六亲不和，有孝慈；国家昏乱，有忠臣。甚美之名，生于大恶，所谓美恶同门。六亲，父子、兄弟、夫妇也。若六亲自和，国家自治，则孝慈、忠臣不知其所在矣。鱼相忘于江湖之道，则相濡之德生也。

十九章

绝圣弃智，民利百倍；绝仁弃义，民复孝慈；绝巧弃利，盗贼无有。此三者以为文不足，故令有所属。见素抱朴，少私寡欲。圣智，才之善也；仁义，人之善也；巧利，用之善也。而直云绝。文甚不足，不令之有所属，无以见其指。故曰此三者以为文而未足，故令人有所属，属之于素朴寡欲。

二十章

绝学无忧。唯之与（阿）〔呵〕❶，相去几何？（善）〔美〕❷之与恶，相去若何？人之所畏，不可不畏。下篇〔云〕❸，为学者日益，为道者日损。然则学求益所能，而进其智者也。若将无欲而足，何求于益？不知而中，何求于进？夫燕雀有匹，鸠鸽有仇，寒乡之民，必知旃裘。自然已足，益之则忧。故续凫之足，何异截鹤之胫？畏誉而进，何异畏刑？唯（阿）〔呵〕美恶，相去何若。故人之所畏，吾亦畏焉。未敢恃之以为用也。**荒兮其未央哉！**叹与俗相返之远也。**众人熙熙，如享太牢，如春登台。**众人迷于美进，惑于荣利，欲进心竞，故熙熙如享太牢，如春登台也。**我独泊兮其未兆，如婴儿之未孩。**言我廓然，无形之可名，无兆之可举，如婴儿之未能孩也。**儽儽兮若无所归。**若无所宅。**众人皆有余，而我独若遗。**众人无不有怀有志，盈溢胸心，故曰"皆

---

❶ "呵"，帛书《老子》甲本作"诃"，乙本作"呵"。易顺鼎云："'唯''阿'意同，于文不合，疑当作'唯之与呵'。"据改。注文"阿"字同改。

❷ "美"，据帛书《老子》甲本、乙本校改。下文注作"美恶"，可证。

❸ "云"，据《道藏》集注本校补。

有余"也。我独廓然，无为无欲，若遗失之也。**我愚人之心也哉！** 绝愚之人，心无所别析，意无所（好欲）〔美恶〕❶，犹然其情不可睹，我颓然若此也。**沌沌兮！** 无所别析，不可为（明）〔名〕❷。**俗人昭昭，** 耀其光也。**我独昏昏；俗人察察，** 分别❸别析也。**我独闷闷。澹兮其若海，** 情不可睹。**飂兮若无止。** 无所系縶。**众人皆有以，** 以，用也。皆欲有所施用也。**而我独顽似鄙。** 无所欲为，闷闷昏昏，若无所识，故曰顽且鄙也。**我独异于人❹，而贵食母。** 食母，生之本也。人（者）❺皆弃生民之本，贵不饰之华，故曰我独欲异于人。

---

❶ "美恶"，据《古逸丛书》本校改。

❷ "名"，据《古逸丛书》本、《道藏》经注本、《道藏》集注本校改。

❸ "分别"，陶鸿庆云："此章经文，以有为无为对举成义。上文注两言无所别析，疑此注'分别'，即'有所'二字之误。"

❹ "我独异于人"，帛书《老子》甲本作"我欲独异于人"，乙本作"吾欲独异于人"。

❺ "者"，据陶鸿庆说校删。陶云："'人'下不当有'者'字。即'皆'字之误而衍者，或当在'食母'下。"

| 二十一章 |

孔德之容，惟道是从。孔，空也。惟以空为德，然后乃能动作从道。道之为物，惟恍惟惚。恍惚，无形不系之叹。惚兮恍兮，其中有象；恍兮惚兮，其中有物。以无形始物，不系成物，万物以始以成，而不知其所以然。故曰恍兮惚兮，〔其中有物〕❶；惚兮恍兮，其中有象也。窈兮冥兮，其中有精；窈冥，深远之叹，深远不可得而见，然而万物由之。（其）〔不〕❷可得见，以定其真。故曰"窈兮冥兮，其中有精"也。其精甚真，其中有信。信，信验也。物反窈冥，则真精之极得，万物之性定。故曰"其精甚真，其中有信"也。自古及今❸，其名不去，至真之极，不可得名。无名，则是其名也。自古及今，无不由此而成。故曰"自古及今❹，其名不去"也。以阅众甫。众甫，物之始也，以无名（说）〔阅〕❺万物始也。吾何以知众甫之状哉？以此。此，上之所云也。言吾何以知万物之始于无哉？以此知之也。

---

❶ "其中有物"，据经文校补。
❷ "不"，据《文选》李善注引校改。
❸ "自古及今"，帛书《老子》甲本、乙本作"自今及古"。
❹ "自古及今"，《道藏》集注本作"自今及古"。
❺ "阅"，据宇惠说校改。经文作"以阅众甫"。

二十二章

曲则全，不自见，〔则〕其明（则）全也❶。**枉则直，**不自是，则其是彰也。**洼则盈，**不自伐，则其功有也。**敝则新，**不自矜，则其德长也。**少则得，多则惑。**自然之道亦犹树也。转多转远其根，转少转得其本。多则远其真，故曰"惑"也；少则得其本，故曰"得"也。**是以圣人抱一，为天下式。**一，少之极也。式，犹则（之）❷也。**不自见故明，不自是故彰，不自伐故有功，不自矜故长。夫唯不争，故天下莫能与之争。古之所谓曲则全者，岂虚言哉？诚全而归之。**

---

❶ "则其明全也"，据陶鸿庆说校改。陶云："此当云：'不自见，则其明全也。'与下三节之注一律，皆依经文为说。"

❷ "之"，据《文选》卷五三《养生论》李善注引校删。

二十三章

希言自然。听之不闻名曰希，下章言，道之出言，淡兮其无味也，视之不足见，听之不足闻。然则无味不足听之言，乃是自然之至言也。**故飘风不终朝，骤雨不终日。孰为此者？天地。天地尚不能久，而况于人乎？**言暴疾美兴不长也。**故从事于道者，道者同于道，**从事，谓举动从事于道者也。道以无形无为成济万物，故从事于道者，以无为为君，不言为教，绵绵若存，而物得其真。与道同体，故曰"同于道"。**德者同于德，**得，少也。少则得，故曰"得"也。行得则与得同体，故曰"同于得"也。❶**失者同于失。**失，累多也，累多则失，故曰"失"也。行失则与失同体，故曰"同于失"也。❷**同于道者，道亦乐得之；同于德者，德亦乐得之；同于失者，失亦乐得之。**言随（行）其所〔行〕，故同

---

❶ "得，少也"以下，陶鸿庆认为："'得少也'，义不可通。'德''得'二字古虽通用，而经文自作'德'，此注当云：'德，得也。少则得，故曰德也。行得则与德同体，故曰同于德也。''少则得，多则惑'，本上章经文。"

❷ "失，累多也"以下，陶鸿庆认为："此当云：'失，累也。多则累，故曰失也。行累则与失同体，故曰同于失也。''累'，读如《庄子》'有人者累'之'累'。"

而应之。❶信不足焉，有不信焉。❷忠信不足于下焉，有不信焉。

---

❶ "言随其所行"一句，据陶鸿庆说校改。陶云："'随行其所'，当作'随其所行'。承上文'行得''行累'而言。'故'字疑衍。"

❷ "信不足焉，有不信焉"，帛书《老子》甲本、乙本无此经文。

二十四章

企者不立，物尚进则失安，故曰"企者不立"。跨者不行，自见者不明，自是者不彰，自伐者无功，自矜者不长。❶其在道也，曰余食赘行。其唯于道而论之，若郤至之行，盛馔之余也。本虽美，更可藏也。本虽有功而自伐之，故更为肬赘者也。物或恶之，故有道者不处。

---

❶ "自见者不明"以下四句，易顺鼎云："二十二章'曲则全'注云'不自见，其明则全也'，'枉则直'注云'不自是，则其是彰也'，'洼则盈'注云'不自伐，则其功有也'，'敝则新'注云'不自矜，则其德长也'。注与经文全不相合，盖本系此四句之注，不知何时夺误，移置于彼耳。"

二十五章

有物混成，先天地生。混然不可得而知，而万物由之以成，故曰"混成"也。不知其谁之子，故先天地生。**寂兮寥兮，独立不改，**寂寥，无形体也。无物（之匹）〔匹之〕❶，故曰"独立"也。返化终始，不失其常，故曰"不改"也。**周行而不殆，可以为天下母。**周行无所不至而（免）〔不危〕❷殆，能生全大形也，故可以为天下母也。**吾不知其名，**名以定形。混成无形，不可得而定，故曰"不知其名"也。**字之曰道，**夫名以定形，字以称可。言道取于无物而不由也，是混成之中，可言之称最大也。**强为之名曰大。**吾所以字之曰道者，取其可言之称最大也。责其字定之所由，则系于大。（大）〔夫〕❸有系则必有分，有分则失其极矣。故曰"强为之名曰大"。**大曰逝，**逝，行也。不守一大体而已。周行无所不至，故曰"逝"也。**逝曰远，远曰反。**远，极也。周〔行〕❹

---

❶ "之匹"二字据陶鸿庆说互乙。

❷ "不危"，据陶鸿庆说校改。陶云："'而免殆'当作'而不危殆'。《永乐大典》本'免'正作'危'，而夺去'不'字。后人辄改'危'为'免'，非注意也。"

❸ "夫"，据陶鸿庆说校改。"大"系上文而误。

❹ "行"，据陶鸿庆说校补。

无所不穷极，不偏于一逝，故曰"远"也；不随于所适，其体独立，故曰"反"也。**故道大，天大，地大，王亦大。**天地之性，人为贵，而王是人之主也，虽不职大，亦复为大。与三匹，故曰"王亦大"也。**域中有四大，**四大，道、天、地、王也。凡物有称有名，则非其极也。言道则有所由，有所由然后谓之为道。然则（是道）〔道是〕❶称中之大也，不若无称之大也。无称不可得而名，曰"域"也。道、天、地、王皆在乎无称之内，故曰"域中有四大"者也。**而王居其一焉。**处人主之大也。**人法地，地法天，天法道，道法自然。**法，谓法则也。人不违地，乃得全安，法地也。地不违天，乃得全载，法天也。天不违道，乃得全覆，法道也。道不违自然，乃得其性，〔法自然也〕❷。法自然者，在方而法方，在圆而法圆，于自然无所违也。自然者，无称之言，穷极之辞也。用智不及无知，而形魄不及精象，精象不及无形，有仪不及无仪，故转相法也。道（顺）〔法〕❸自然，天故资焉。天法于道，地故则焉。地法于天，人故象焉。所以为主，其一之者，主也。

---

❶ "是道"二字据陶鸿庆说互乙。

❷ "法自然也"，据陶鸿庆说校补。陶云："'乃得其性'下，当有'法自然也'四字。与上文'法地也''法天也''法道也'一律。因下有复句而误夺之。"

❸ "法"，据《道藏》集注本校改。

| 二十六章 |

重为轻根，静为躁君。凡物，轻不能载重，小不能镇大。不行者使行，不动者制动，是以重必为轻根，静必为躁君也。是以圣人终日行不离辎重。以重为本，故不离。虽有荣观，燕处超然。不以经心也。奈何万乘之主，而以身轻天下？轻则失本，躁则失君。轻不镇重也，失本，为丧身也。失君，为失君位也。

二十七章

　　善行无辙迹，顺自然而行，不造不（始）〔施〕❶，故物得至，而无辙迹也。**善言无瑕谪，**顺物之性，不别不析，故无瑕谪可得其门也。**善数不用筹策，**因物之数，不假形也。**善闭无关楗而不可开，善结无绳约而不可解。**因物自然，不设不施，故不用关楗、绳约而不可开解也。此五者，皆言不造不施，因物之性，不以形制物也。**是以圣人常善救人，故无弃人；**圣人不立形名以检于物，不造进向以殊弃不肖。辅万物之自然而不为始，故曰"无弃人"也。不尚贤能，则民不争；不贵难得之货，则民不为盗；不见可欲，则民心不乱。常使民心无欲无惑，则无弃人矣。**常善救物，故无弃物。是谓袭明。故善人者，不善人之师；**举善以（师）〔齐〕❷不善，故谓之师矣。**不善人者，善人之资。**资，取也。善人以善齐不善，〔不〕❸以善弃不善也，故不善人善人之所取也。**不贵其师，不爱其资，虽智大迷，**虽有其智，自任其智。不因物，于其道必失。故曰"虽智大迷"。**是谓要妙。**

---

❶ "施"，据陶鸿庆说校改。下文注亦作"不造不施"。

❷ "齐"，据陶鸿庆说校改。陶云："上'师'字当作'齐'。下节注云：'善人以善齐不善。'即承此。"

❸ "不"，据陶鸿庆说校补。

二十八章

知其雄，守其雌，为天下溪。为天下溪，常德不离，复归于婴儿。雄，先之属；雌，后之属也。知为天下之先（也）〔者〕❶，必后也，是以圣人后其身而身先也。溪不求物而物自归之，婴儿不用智而合自然之智。知其白，守其黑，为天下式。式，模则也。为天下式，常德不忒，忒，差也。复归于无极。不可穷也。知其荣，守其辱，为天下谷。为天下谷，常德乃足，复归于朴。此三者，言常反终，后乃德全其所处也。下章云，反者道之动也。功不可取，常处其母也。朴散则为器，圣人用之，则为官长。朴，真也。真散则百行出，殊类生，若器也。圣人因其分散，故为之立官长。以善为师，不善为资，移风易俗，复使归于一也。故大制不割。大制者，以天下之心为心，故无割也。

---

❶ "者"，据《道藏》集注本校改。

二十九章

　　将欲取天下而为之，吾见其不得已。天下神器，神，无形无方也。器，合成也。无形以合，故谓之神器也。**不可为也。为者败之，执者失之。**万物以自然为性，故可因而不可为也，可通而不可执也。物有常性，而造为之，故必败也。物有往来，而执之，故必失矣。**故物或行或随，或歔或吹，或强或羸，或挫或隳。是以圣人去甚，去奢，去泰。**凡此诸"或"，言物事逆顺反覆，不施为执割也。圣人达自然之至，畅万物之情，故因而不为，顺而不施。除其所以迷，去其所以惑，故心不乱而物性自得之也。

三十章

以道佐人主者，不以兵强天下，以道佐人主，尚不可以兵强于天下，况人主躬于道者乎？**其事好还。**为（始）〔治〕❶者务欲立功生事，而有道者务欲还反无为，故云其事好还也。**师之所处，荆棘生焉。大军之后，必有凶年。**言师，凶害之物也。无有所济，必有所伤，贼害人民，残荒田亩，故曰"荆棘生焉"。**善有果而已，不敢以取强。**果，犹济也。言善用师者，趣以济难而已矣，不以兵力取强于天下也。**果而勿矜，果而勿伐，果而勿骄。**吾不以师道为尚，不得已而用，何矜骄之有也？**果而不得已，果而勿强。**言用兵虽趣功（果）济难，然时故不得已（当复）〔后〕用者，❷但当以除（曰）〔暴〕❸乱，不遂用果以为强也。**物壮则老，是谓不道，不道早已。**壮，武力暴兴，喻以兵强于天下者也。飘风不终朝，骤雨不终日，故暴兴必不道，早已也。

---

❶ "治"，据《道藏》集注本校改。

❷ "言用兵"以下，据陶鸿庆说校改。陶云："'果济难'，'果'字涉经文而衍。'当复用'，'当'字涉下文而衍，'复'为'后'字之误。其文云：'言用兵虽趣功济难，然时故不得已后用者。'"

❸ "暴"，据《古逸丛书》本、《道藏》集注本校改。

三十一章

　　夫佳兵者，不祥之器，物或恶之，故有道者不处。君子居则贵左，用兵则贵右。兵者，不祥之器，非君子之器。不得已而用之，恬淡为上，胜而不美。而美之者，是乐杀人。夫乐杀人者，则不可以得志于天下矣。吉事尚左，凶事尚右。偏将军居左，上将军居右，言以丧礼处之。杀人之众，以哀悲泣之。战胜，以丧礼处之。

| 三十二章 |

道常无名，朴虽小，天下莫能臣也。侯王若能守之，万物将自宾。道无形不系，常不可名。以无名为常，故曰"道常无名"也。朴之为物，以无为心也，亦无名。故将得道，莫若守朴。夫智者，可以能臣也；勇者，可以武使也；巧者，可以事役也；力者，可以重任也。朴之为物，愦然不偏，近于无有，故曰"莫能臣"也。抱朴无为，不以物累其真，不以欲害其神，则物自宾而道自得也。**天地相合以降甘露，民莫之令而自均。**言天地相合，则甘露不求而自降；我守其真性无为，则民不令而自均也。**始制有名，名亦既有，夫亦将知止。知止（可）〔所〕❶以不殆。**始制，谓朴散始为官长之时也。始制官长，不可不立名分以定尊卑，故始制有名也。过此以往，将争锥刀之末，故曰"名亦既有，夫亦将知止"也。遂任名以号物，则失治之母也，故知止所以不殆也。**譬道之在天下，犹川谷之于江海。**川谷之（求）〔与〕江（与）海，

---

❶ "所"，据帛书《老子》甲本、乙本及下文王弼注校改。

老子

非江海召之，不召不求而自归者（世）〔也〕。●行道于天下者，不令而自均，不求而自得，故曰犹川谷之与江海也。

　　● "川谷之"以下，据陶鸿庆说校改。陶云："'求'字不当有。本作'川谷之与江海'，因'与'字误倒在下，后人妄增'求'字以足句耳。'而自归者'下当有'也'字，'世'即'也'字之误，隶书'世''也'二字极相似。"

三十三章

　　知人者智，自知者明。知人者，智而已矣，未若自知者，超智之上也。**胜人者有力，自胜者强。**胜人者，有力而已矣，未若自胜者，无物以损其力。用其智于人，未若用其智于己也。用其力于人，未若用其力于己也。明用于己，则物无避焉；力用于己，则物无改焉。**知足者富，**知足〔者〕❶，自不失，故富也。**强行者有志，**勤能行之，其志必获，故曰"强行者有志"矣。**不失其所者久。**以明自察，量力而行，不失其所，必获久长矣。**死而不亡者寿。**虽死而以为生之，道不亡乃得全其寿。身没而道犹存，况身存而道不卒乎？

---

　　❶ "者"，据《道藏》集注本校补。

三十四章

　　大道泛兮，其可左右。 言道泛滥，无所不适，可左右上下周旋而用，则无所不至也。**万物恃之而生而不辞，功成不名有，衣养万物而不为主。常无欲，可名于小；** 万物皆由道而生，既生而不知其所由。故天下常无欲之时，万物各得其所，若道无施于物，故名于小矣。**万物归焉而不为主，可名为大。** 万物皆归之以生，而力使不知其所由。此不为小，故复可名于大矣。**以其终不自为大，故能成其大。** 为大于其细，图难于其易。

三十五章

执大象，天下往。 大象，天象之母也。〔不炎〕❶不寒，不温不凉，故能包统万物，无所犯伤。主若执之，则天下往也。**往而不害，安平太。** 无形无识，不偏不彰，故万物得往而不害妨也。**乐与饵，过客止。道之出口，淡乎其无味，视之不足见，听之不足闻，用之不足既。** 言道之深大，人闻道之言乃更不如乐与饵，应时感悦人心也。乐与饵则能令过客止，而道之出言，淡然无味。视之不足见，则不足以悦其目；听之不足闻，则不足以娱其耳。若无所中然，乃用之不可穷极也。

---

❶ "不炎"，据楼宇烈说校补。楼宇烈《王弼集校释》云："'不炎'二字，据《老子指略》'五物之母，不炎不寒'等校补。"

三十六章

将欲歙之，必固张之；将欲弱之，必固强之；将欲废之，必固兴之；将欲夺之，必固与之。是谓微明。将欲除强梁，去暴乱，当以此四者。因物之性，令其自戮，不假刑为大，以除将物也，故曰"微明"也。足其张，令之足，而又求其张，则众所歙也。与其张之不足，而改其求张者❶，愈益而己反危。柔弱胜刚强。鱼不可脱于渊，国之利器不可以示人。利器，利国之器也。唯因物之性，不假刑以理物。器不可睹，而物各得其所，则国之利器也。示人者，任刑也。刑以利国，则失矣。鱼脱于渊，则必见失矣。利国〔之〕❷器而立刑以示人，亦必失也。

---

❶ "而改其求张者"，楼宇烈云："'而改'无误，疑'其求'二字误倒，其文当作：'与其张之不足，而改求其张者。'"

❷ "之"，据楼宇烈说校补，上文王弼注曰"利器，利国之器也"。

三十七章

　　道常无为，顺自然也。而无不为。万物无不由为以治以成之也。**❶**侯王若能守之，万物将自化。化而欲作，吾将镇之以无名之朴。化而欲作，作欲成也。吾将镇之无名之朴，不为主也。无名之朴，夫亦将无欲。无欲竟也。不欲以静，天下将自定。

---

　　❶ "万物无不由为以治以成之也"，陶鸿庆云："《古逸丛书》本注文无'之'字。然此注之文实有错乱，元文当云：'无不为，万物由之以始以成也。'乃先叠文，而后释其义。'由之'蒙上文'无为'而言；万物之始成由于无为，故曰'无为而无不为也'。句中'之'字非衍，但误倒耳。《古逸》本删'之'字，文虽较顺而实非其旨。一章及二十一章注皆云：'万物以始以成，而不知其所以然。'明'治'为'始'字之误。"

下篇

三十八章

　　上德不德，是以有德；下德不失德，是以无德。上德无为而无以为，下德为之而有以为。上仁为之而无以为，上义为之而有以为，上礼为之而莫之应，则攘臂而扔之。故失道而后德，失德而后仁，失仁而后义，失义而后礼。夫礼者，忠信之薄而乱之首。前识者，道之华而愚之始。是以大丈夫处其厚，不居其薄；处其实，不居其华。故去彼取此。德者，得也。常得而无丧，利而无害，故以德为名焉。何以得德？由乎道也。何以尽德？以无为用。以无为用，则莫不载也。故物，无焉，则无物不经；有焉，则不足以免其生。是以天地虽广，以无为心；圣王虽大，以虚为主。故曰：以复而视，则天地之心见；至日而思之，则先王之至睹也。故灭其私而无其身，则四海莫不瞻，远近莫不至；殊其己而有其心，则一体不能自全，肌骨不能相容。是以上德之人，唯道是用，不德其德，无执无用，故能有德而无不为。不求而得，不为而成，故虽有德而无德名也。下德求而得之，为而成之，则立善以治物，故德名有焉。求而得之，必有失焉；为而成之，必有败焉。善名生，则有不善应焉。故下德为之而有以为也。

无以为者，无所（徧）〔偏〕❶为也。凡不能无为而为之者，皆下德也，仁义礼节是也。将明德之上下，辄举下德以对上德。至于无以为，极下德（下）❷之量，上仁是也。足及于无以为而犹为之焉。为之而无以为，故有为为之患矣。本在无为，母在无名。弃本舍母，而适其子，功虽大焉，必有不济，名虽美焉，伪亦必生。不能不为而成，不兴而治，则乃为之，故有宏普博施仁爱之者。而爱之无所偏私，故上仁为之而无以为也。爱不能兼，则有抑抗正（真）〔直〕❸而义理之者。忿枉祐直，助彼攻此，物事而有以心为矣。故上义为之而有以为也。直不能笃，则有游饰修文礼敬之者。尚好修敬，校责往来，则不对之间，忿怒生焉。故上（德）〔礼〕❹为之而莫之应，则攘臂而扔之。夫大之极也，其唯道乎！自此已往，岂足尊哉？故虽〔德〕❺盛业大，富（而）❻有万物，犹各得其德，〔而未能自周也。故天不能为载，地不能为覆，人不能为赡。万物〕❼虽

---

❶ "偏"，据《古逸丛书》本、《道藏》经注本、《道藏》集注本校改。

❷ "下"，据《道藏》集注本校删。陶鸿庆云："'之量'上不当有'下'字。言至于上仁之无以为，已极下德之量也。"

❸ "直"，据《道藏》集注本校改。

❹ "礼"，据《古逸丛书》本、《道藏》经注本、《道藏》集注本校改。

❺ "德"，据《古逸丛书》本、《道藏》经注本、《道藏》集注本校改。

❻ "而"，据《道藏》集注本校删。

❼ "而未能自周也"以下脱文，据《道藏》经注本、《道藏》集注本校补。

贵，以无为用，不能舍无以为体也。（不能）❶舍无以为体，则失其为大矣，所谓失道而后德也。以无为用，〔则〕❷（德）〔得〕❸其母，故能己不劳焉而物无不理。下此已往，则失用之母。不能无为，而贵博施；不能博施，而贵正直；不能正直，而贵饰敬。所谓失德而后仁，失仁而后义，失义而后礼也。夫礼也，所始首于忠信不笃，通简不阳，责备于表，机微争制。夫仁义发于内，为之犹伪，况务外饰而可久乎。故夫礼者，忠信之薄而乱之首也。前识者，前人而识也，即下德之伦也。竭其聪明以为前识，役其智力以营庶事，虽（德）〔得〕❹其情，奸巧弥密，虽丰其誉，愈丧笃实。劳而事昏，务而治藏，虽竭圣智，而民愈害。舍己任物，则无为而泰。守夫素朴，则不顺典制。（听）〔耽〕❺彼所获，弃此所守，〔故前〕❻识，道之华而愚之首。故苟得其为功之母，则万物作焉而不辞也，万事存焉而不劳也。用不以形，御不以名，故（名）❼仁义可显，礼敬可彰也。夫载之以大道，镇之以无名，则物无所尚，

老子

---

❶ "不能"，据楼宇烈说校删。楼云："观王弼注文之意，'万物虽贵，以无为用'，故当言'舍无以为体，则失其大矣'，故此处不当有'不能'二字甚明。"

❷ "则"，据《道藏》集注本校补。

❸ "得"，据文意校改，得失相对为文。

❹ "得"，据《道藏》集注本校改。

❺ "耽"，据楼宇烈说校改。楼云："'耽'字，据《释文》校改。《释文》出'耽'字，并音'都南反'。'耽'为嗜、乐之意。'耽彼所获'，意为，沉溺于其'竭聪明''役智力'而获得之'情'。"

❻ "故前"，据东条弘说校补。

❼ "名"，据《古逸丛书》本、《道藏》经注本、《道藏》集注本校删。

志无所营。各任其贞，事用其诚，则仁德厚焉，行义正焉，礼敬清焉。弃其所载，舍其所生，用其成形，役其聪明，仁则（诚）〔尚〕❶焉，义其竞焉，礼其争焉。故仁德之厚，非用仁之所能也；行义之正，非用义之所成也；礼敬之清，非用礼之所济也。载之以道，统之以母，故显之而无所尚，彰之而无所竞。用夫无名，故名以笃焉；用夫无形，故形以成焉。守母以存其子，崇本以举其末，则形名俱有而邪不生，大美配天而华不作。故母不可远，本不可失。仁义，母之所生，非可以为母；形器，匠之所成，非可以为匠也。舍其母而用其子，弃其本而适其末，名则有所分，形则有所止。虽极其大，必有不周；虽盛其美，必有患忧。功在为之，岂足处也！

---

❶ "尚"，据楼宇烈说校改。

三十九章

　　昔之得一者，昔，始也。一，数之始而物之极也。各是一物之生，所以为主也。物皆各得此一以成，既成而舍〔一〕**❶**以居成，居成则失其母，故皆裂、发、歇、竭、灭、蹶也。**天得一以清，地得一以宁，神得一以灵，谷得一以盈，万物得一以生，侯王得一以为天下贞。其致之。**各以其一致此清、宁、灵、盈、生、贞。**天无以清将恐裂，**用一以致清耳，非用清以清也。守一则清不失，用清则恐裂也。故为功之母，不可舍也。是以皆无用其功，恐丧其本也。**地无以宁将恐发，神无以灵将恐歇，谷无以盈将恐竭，万物无以生将恐灭，侯王无以贵高将恐蹶。故贵以贱为本，高以下为基。是以侯王自谓孤、寡、不穀。此非以贱为本邪？非乎？故致数舆无舆。不欲琭琭如玉，珞珞如石。**清不能为清，盈不能为盈，皆有其母，以存其形。故清不足贵，盈不足多，贵在其母，而母无贵形。贵乃以贱为本，高乃以下为基，故致数舆乃无舆也。玉石琭琭、珞珞，体尽于形，故不欲也。

---

❶ "一"，据《道藏》集注本校补。

| 四十章 |

　　反者，道之动；高以下为基，贵以贱为本，有以无为用，此其反也。动皆知其所无，则物通矣。故曰"反者，道之动"也。**弱者，道之用。**柔弱同通，不可穷极。**天下万物生于有，有生于无。**天下之物皆以有为生，有之所始以无为本。将欲全有，必反于无也。

四十一章

上士闻道，勤而行之；有志也。中士闻道，若存若亡；下士闻道，大笑之，不笑不足以为道。故建言有之：建，犹立也。明道若昧，光而不耀。进道若退，后其身而身先，外其身而身存。夷道若纇。纇，坳也。大夷之道，因物之性，不执平以割物。其平不见，乃更反若纇坳也。上德若谷，不德其德，无所怀也。大白若辱，知其白，守其黑，大白然后乃得。广德若不足，广德不盈，廓然无形，不可满也。建德若偷，偷，匹也。建德者，因物自然，不立不施，故若偷匹。质真若渝，质真者，不矜其真，故〔若〕❶渝。大方无隅，方而不割，故无隅也。大器晚成，大器，成天下不持全别，故必晚成也。大音希声，听之不闻名曰希。〔大音〕❷，不可得闻之音也。有声则有分，有分则不宫而商矣。分则不能统众，故有声者非大音也。大象无形，有形则有分，有分者，不温则（炎）〔凉〕❸，不炎则寒。故象而形者，

---

❶ "若"，据陶鸿庆说校补，与经文对应。

❷ "大音"，据陶鸿庆说校补。

❸ "凉"，据楼宇烈说校改。楼云："'凉'字，据十六章王弼注'温凉之象'，五十五章王弼注'不温不凉'，《老子指略》'不温不凉，不宫不商'等文意校改。"

非大象。**道隐无名。夫唯道，善贷且成。**凡此诸善，皆是道之所成也。在象则为大象，而大象无形；在音则为大音，而大音希声。物以之成，而不见其（成）❶形，故隐而无名也。贷之非唯供其乏而已，一贷之则足以永终其德，故曰"善贷"也。成之不如机匠之裁，无物而不济其形，故曰善成。

---

❶ "成"，据《道藏》集注本校删。

老子

四十二章

道生一，一生二，二生三，三生万物。万物负阴而抱阳，冲气以为和。人之所恶，唯孤、寡、不穀，而王公以为称。故物或损之而益，或益之而损。万物万形，其归一也。何由致一？由于无也。由无乃一，一可谓无？已谓之一，岂得无言乎？有言有一，非二如何？有一有二，遂生乎三。从无之有，数尽乎斯。过此以往，非道之流。故万物之生，吾知其主，虽有万形，冲气一焉。百姓有心，异国殊风，而（得一者）王侯〔得一者〕❶主焉。以一为主，一何可舍？愈多愈远，损则近之。损之至尽，乃得其极。既谓之一，犹乃至三。况本不一，而道可近乎？损之而益，岂虚言也？**人之所教，我亦教之。**我之〔教人〕，非强使（人）从之也，❷而用夫自然。举其至理，顺之必吉，违之必凶。故人相教，违之〔必〕❸自取其凶也。亦如我之教人，勿违之也。**强梁者不得其死，吾将以为**

---

❶ "得一者"，据陶鸿庆说校改。陶云："'得一者'三字，当在'王侯'下。三十九章经云：'侯王得一以为天下贞。'"

❷ "我之教人"以下，据陶鸿庆说校改。陶云："'我之'下夺'教'字。'人'字又误脱在下。当云：'我之教人，非强使从之也。'"下文注："亦如我之教人，勿违之也。"亦可证。

❸ "必"，据《道藏》集注本校补。

076

教父。强梁则必不得其死。人相教为强梁，则必如我之教人不当为强梁也。举其强梁不得其死以教邪，若云顺吾教之必吉也。故得其违教之徒，适可以为教父也。

四十三章

　　天下之至柔，驰骋天下之至坚。气无所不入，水无所不（出于）**❶**经。**无有入无间，吾是以知无为之有益。**虚无柔弱，无所不通。无有不可穷，至柔不可折。以此推之，故知无为之有益也。**不言之教，无为之益，天下希及之。**

---

　　❶ "出于"，据易顺鼎说校删。易云："按王注云：'气无所不入，水无所不出于经。'注十二字在本文'无有入无间'之上。尝疑'出于经'之语不可解，且句亦参差。后读《淮南·原道训》引《老子》云：'出于无有，入于无间。'乃悟王注当作：'气无所不入，水无所不经。''出于'二字即系《老子》正文，在'无有'二字之上，不知何时误入注中，又误在注中'经'字之上，而正文'入'下又夺'于'字，竟莫能辨之矣。傅奕本尚作'出于无有，入于无间'可证。"

四十四章

名与身孰亲？尚名好高，其身必疏。身与货孰多？贪货无厌，其身必少。得与亡孰病？得多利而亡其身，何者为病也？是故甚爱必大费，多藏必厚亡。甚爱，不与物通；多藏，不与物散。求之者多，攻之者众，为物所病，故大费、厚亡也。知足不辱，知止不殆，可以长久。

四十五章

大成若缺，其用不弊。随物而成，不为一象，故若缺也。大盈若冲，其用不穷。大盈（冲）〔充〕❶足，随物而与，无所爱矜，故若冲也。大直若屈，随物而直，直不在一，故若屈也。大巧若拙，大巧因自然以成器，不造为异端，故若拙也。大辩若讷。大辩因物而言，己无所造，故若讷也。躁胜寒，静胜热，清静为天下正。躁罢然后胜寒，静无为以胜热。以此推之，则清静为天下正也。静则全物之真，躁则犯物之性，故惟清静，乃得如上诸大也。

❶ "充"，据《道藏》经注本、《道藏》集注本校改。

四十六章

　　天下有道，却走马以粪；天下有道，知足知止，无求于外，各修其内而已，故却走马以治田粪也。天下无道，戎马生于郊。贪欲无厌，不修其内，各求于外，故戎马生于郊也。祸莫大于不知足，咎莫大于欲得。故知足之足，常足矣。

四十七章

　　不出户，知天下；不窥牖，见天道。事有宗，而物有主，途虽殊而（同）〔其〕归〔同〕也❶，虑虽百而其致一也。道有大常，理有大致。执古之道，可以御今；虽处于今，可以知古始。故不出户、窥牖而可知也。**其出弥远，其知弥少。**无在于一，而求之于众也。道，视之不可见，听之不可闻，搏之不可得。如其知之，不须出户；若其不知，出愈远愈迷也。**是以圣人不行而知，不见而名，**得物之致，故虽不行，而虑可知也。识物之宗，故虽不见，而是非之理可得而名也。**不为而成。**明物之性，因之而已。故虽不为，而使之成矣。

----

　　❶　"其归同也"，据《道藏》集注本校改，与下文注"虑虽百而其致一也"句式一致。

四十八章

为学日益，务欲进其所能，益其所习。为道日损。务欲反虚无也。损之又损，以至于无为。无为而无不为。有为则有所失，故无为乃无所不为也。取天下常以无事，动常因也。及其有事，自己造也。不足以取天下。失统本也。

四十九章

圣人无常心，以百姓心为心。动常因也。善者，吾善之，不善者，吾亦善之，各因其用，则善不失也。德善。无弃人也。信者，吾信之，不信者，吾亦信之，德信。圣人在天下歙歙，为天下浑其心，〔百姓皆注其耳目〕❶。各用聪明。圣人皆孩之。皆使和而无欲，如婴儿也。夫"天地设位，圣人成能，人谋鬼谋，百姓与能"者，能者与之，资者取之；能大则大，资贵则贵。物有其宗，事有其主。如此，则可冕旒充目而不惧于欺，黈纩塞耳而无戚于慢。又何为劳一身之聪明，以察百姓之情哉？夫以明察物，物亦竞以其明（应）〔避〕❷之；以不信（察）〔求〕❸物，物亦竞以其不信应之。夫天下之心不必同，其所应不敢异，则莫肯用其情矣。甚矣！害之大也，莫大于用其明矣。夫（在）〔任〕智则人与之讼，

---

❶ "百姓皆注其耳目"，据《古逸丛书》本、《道藏》经注本校补。

❷ "避"，据陶鸿庆说校改。陶云："'物亦竞以其明应之'，'应'当为'避'。'以不信察物'，'察'当为'求'。下文云：'无所察焉，百姓何避；无所求焉，百姓何应。'承此言。"

❸ "求"，据陶鸿庆说校改，见上条。

（在）〔任〕力则人与之争。❶智不出于人而立乎讼地，则穷矣；力不出于人而立乎争地，则危矣。未有能使人无用其智力（乎）〔于〕❷己者也，如此则己以一敌人，而人以千万敌己也。若乃多其法网，烦其刑罚，塞其径路，攻其幽宅，则万物失其自然，百姓丧其手足，鸟乱于上，鱼乱于下。是以圣人之于天下歙歙焉，心无所主也。为天下浑心焉，意无所适莫也。无所察焉，百姓何避；无所求焉，百姓何应。无避无应，则莫不用其情矣。人无为，舍其所能，而为其所不能；舍其所长，而为其所短。如此，则言者言其所知，行者行其所能，百姓各皆注其耳目焉，吾皆孩之而已。

---

❶ 此句两处"任"字，据陶鸿庆说校改。陶云："二句本出《淮南·诠言训》。今本《淮南》两'任'字已讹为'在'，说见王念孙《读书杂志》。此注及《列子·杨朱篇》张注，盖皆沿其误。"

❷ "于"，据《道藏》集注本校改。

五十章

　　出生入死。出生地，入死地。生之徒，十有三；死之徒，十有三；人之生，动之死地，亦十有三。夫何故？以其生生之厚。盖闻善摄生者，陆行不遇兕虎，入军不被甲兵。兕无所投其角，虎无所措其爪，兵无所容其刃。夫何故？以其无死地。十有三，犹云十分有三分。取其生道，全生之极，十分有三耳；取死之道，全死之极，亦十分有三耳。而民生生之厚，更之无生之地焉。善摄生者，无以生为生，故无死地也。器之害者，莫甚乎戈兵；兽之害者，莫甚乎兕虎。而令兵戈无所容其锋刃，虎兕无所措其爪角，斯诚不以欲累其身者也，何死地之有乎？夫蚖蟺以渊为浅，而凿穴其中；鹰鹯以山为卑，而增巢其上。矰缴不能及，网罟不能到，可谓处于无死地矣。然而卒以甘饵，乃入于无生之地，岂非生生之厚乎？故物，苟不以求离其本，不以欲渝其真，虽入军而不害，陆行而不可犯也，赤子之可则而贵信矣。

五十一章

道生之，德畜之，物形之，势成之。物生而后畜，畜
而后形，形而后成。何由而生？道也。何得而畜？德也。何由
而形？物也。何使而成？势也。唯因也，故能无物而不形；唯
势也，故能无物而不成。凡物之所以生，功之所以成，皆有所
由。有所由焉，则莫不由乎道也。故推而极之，亦至道也。随
其所因，故各有称焉。**是以万物莫不尊道而贵德。**道者，
物之所由也；德者，物之所得也。由之乃得，故（曰）不得不
（失）尊，〔失〕之则害，〔故〕不得不贵也。❶**道之尊，德
之贵，夫莫之命而常自然。**（命并作爵。）❷**故道生之，德畜
之。长之、育之、亭之、毒之、养之、覆之。**〔亭谓品其
形，毒〕谓成其（实）〔质〕，❸各得其庇荫，不伤其体矣。生

---

❶ "由之乃得"以下，据陶鸿庆说校改。陶云："'失尊'二字误
倒，'故曰'二字亦有误。原文当云：'由之乃得，故不得不尊；失之则
害，故不得不贵也。'经下文云：'道之尊，德之贵，夫莫之命而常自
然。'注依以为说。"

❷ "命并作爵"，据《道藏》集注本校删。此系校语，误作王弼注。

❸ "亭谓品其形，毒谓成其质"，据易顺鼎说校改。易云："《初
学记》卷九、《文选·辨命论》注并引《老子》曰：'亭之毒之，盖之覆
之。'王弼曰：'亭谓品其形，毒谓成其质。'今注夺去六字，又'质'误
为'实'，遂至不词。"

老子

而不有，为而不恃，为而不有。长而不宰，是谓玄德。有德而不知其主也，出乎幽冥，（是以）〔故〕❶谓之玄德也。

五十二章

天下有始，以为天下母。〔善始之，则善养畜之矣。故天下有始，则可以为天下母矣。〕❶既得其母，以知其子，既知其子，复守其母，没身不殆。母，本也。子，末也。得本以知末，不舍本以逐末也。塞其兑，闭其门，兑，事欲之所由生。门，事欲之所由从也。终身不勤。无事永逸，故终身不勤也。开其兑，济其事，终身不救。不闭其原，而济其事，故虽终身不救。见小曰明，守柔曰强。为治之功不在大，见大不明，见小乃明。守强不强，守柔乃强也。用其光，显道以去民迷。复归其明，不明察也。无遗身殃，是为习常。道之常也。

---

❶ "善始之"以下，据《古逸丛书》本、《道藏》经注本、《道藏》集注本校补。

五十三章

使我介然有知，行于大道，唯施是畏。言若使我可介然有知，行大道于天下，唯施为（之）❶是畏也。**大道甚夷，而民好径。**言大道荡然正平，而民犹尚舍之而不由，好从邪径，况复施为以塞大道之中乎？故曰"大道甚夷，而民好径"。**朝甚除，**朝，宫室也。除，洁好也。**田甚芜，仓甚虚。**朝甚除，则田甚芜、仓甚虚。设一而众害生也。**服文彩，带利剑，厌饮食，财货有余，是谓盗夸。非道也哉！**凡物，不以其道得之，则皆邪也，邪则盗也。夸而不以其道得之，〔盗夸也；贵而不以其道得之，〕❷窃位也。故举非道以明非道，则皆盗夸也。

---

❶ "之"，据《道藏》集注本校删。

❷ "盗夸也；贵而不以其道得之"，据《道藏》集注本校补。

五十四章

　　善建者不拔,固其根而后营其末,故不拔也。**善抱者不脱,**不贪于多,齐其所能,故不脱也。**子孙以祭祀不辍。**子孙传此道以祭祀,则不辍也。**修之于身,其德乃真;修之于家,其德乃余;**以身及人也。修之身则真,修之家则有余,修之不废,所施转大。**修之于乡,其德乃长;修之于国,其德乃丰;修之于天下,其德乃普。故以身观身,以家观家,以乡观乡,以国观国,**彼皆然也。**以天下观天下。**以天下百姓心观天下之道也。天下之道,逆顺吉凶,亦皆如人之道也。**吾何以知天下然哉?以此。**此,上之所云也。言吾何以得知天下乎?察己以知之,不求于外也。所谓不出户以知天下者也。

五十五章

含德之厚，比于赤子。蜂虿虺蛇不螫，猛兽不据，攫鸟不搏。赤子无求无欲，不犯众物，故毒（虫）〔螫〕之物无犯（之）〔于〕人也❶。含德之厚者不犯于物，故无物以损其全也。骨弱筋柔而握固，以柔弱之故，故握能周固。未知牝牡之合而全作，作，长也。无物以损其身，故能全长也。言含德之厚者，无物可以损其德、渝其真。柔弱不争而不摧折，皆若此也。精之至也。终日号而不嗄，无争欲之心，故终日出声而不嗄也。和之至也。知和曰常，物以和为常，故知和则得常也。知常曰明。不皦不昧，不温不凉，此常也。无形不可得而见，〔故曰"知常〕❷曰明"也。益生曰祥，生不可益，益之则夭也。心使气曰强。心宜无有，使气则强。物壮则老，谓之不道，不道早已。

---

❶ "螫""于"二字，据《道藏》集注本校改。
❷ "故曰知常"，据宇惠说校补。此为重叠经文，据上下注文可知。

| 五十六章 |

知者不言，因自然也。言者不知。造事端也。塞其
兑，闭其门，挫其锐，含守质也。解其分，除争原也。和
其光，无所特显，则物无所偏争也。同其尘，无所特贱，则
物无所偏耻也。是谓玄同。故不可得而亲，不可得而疏；
可得而亲，则可得而疏也。不可得而利，不可得而害；可得
而利，则可德而害也。不可得而贵，不可得而贱。可得而
贵，则可得而贱也。故为天下贵。无物可以加之也。

五十七章

以正治国，以奇用兵，以无事取天下。以道治国则国平，以正治国则奇（正）〔兵〕❶起也。以无事，则能取天下也。上章云，其取天下者，常以无事，及其有事，又不足以取天下也。故以正治国，则不足以取天下，而以奇用兵也。夫以道治国，崇本以息末；以正治国，立辟以攻末。本不立而末浅，民无所及，故必至于奇用兵也。吾何以知其然哉？以此。天下多忌讳，而民弥贫；民多利器，国家滋昏；利器，凡所以利己之器也。民强则国家弱。人多伎巧，奇物滋起；民多智慧则巧伪生，巧伪生则邪事起。法令滋彰，盗贼多有。立正欲以息邪，而奇兵用；多忌讳欲以耻贫，而民弥贫；利器欲以强国者也，而国愈昏（多）〔弱〕❷。皆舍本以治末，故以致此也。故圣人云：我无为而民自化，我好静而民自正，我无事而民自富，我无欲而民自朴。上之所欲，

---

❶ "兵"，据《道藏》集注本及陶鸿庆说校改。陶云："'奇正起'当作'奇兵起'，'奇'读为'奇邪'之'奇'。七十四章经'而为奇者'，注'诡异乱群谓之奇'。是也。下节注云：'立正欲以息邪，而奇兵用。'即此义。"

❷ "弱"，据陶鸿庆说校改。陶云："'昏多'为'昏弱'之误。上节'国家滋昏'注云：'民强则国家弱。'"

民从之速也。我之所欲唯无欲，而民亦无欲而自朴也。此四者，崇本以息末也。

五十八章

其政闷闷，其民淳淳；言善治政者，无形、无名、无事、无政可举。闷闷然，卒至于大治。故曰"其政闷闷"也。其民无所争竞，宽大淳淳，故曰"其民淳淳"也。其政察察，其民缺缺。立刑名，明赏罚，以检奸伪，故曰"〔其政〕❶察察"也。殊类分析，民怀争竞，故曰"其民缺缺"。祸兮福之所倚，福兮祸之所伏。孰知其极？其无正？言谁知善治之极乎？唯无可正举，无可形名，闷闷然而天下大化，是其极也。正复为奇，以正治国，则便复以奇用兵矣。故曰"正复为奇"。善复为妖。立善以和万物，则便复有妖之患也。人之迷，其日固久。言人之迷惑失道固久矣，不可便正善治以责。是以圣人方而不割，以方导物，（舍）〔令〕❷去其邪，不以方割物。所谓"大方无隅"。廉而不刿，廉，清廉也；刿，伤也。以清廉（清）〔导〕❸民，（令去其邪，）❹令

---

❶ "其政"，据宇惠及东条宏说校补。上节注文"其政""其民"并举可证。

❷ "令"，据陶鸿庆说校改。下文注"令去其邪，令去其污"可证。

❸ "导"，据陶鸿庆说校改。上文注"以方导物，令去其邪"，下文注"以直导物，令去其僻"可证。

❹ "令去其邪"，据《道藏》集注本及陶鸿庆说校删。

去其污，不以清廉刿伤于物也。**直而不肆，**以直导物，令去其僻，而不以直激沸于物也。所谓"大直若屈"也。**光而不耀。**以光鉴其所以迷，不以光照求其隐匿也。所谓"明道若昧"也。此皆崇本以息末，不攻而使复之也。

老子

五十九章

治人事天莫若啬。莫若，犹莫过也。啬，农夫。农人之治田，务去其殊类，归于齐一也。全其自然，不急其荒病，除其所以荒病。上承天命，下绥百姓，莫过于此。夫唯啬，是谓早服；早服，常也。早服谓之重积德；唯重积德，不欲锐速，然后乃能使早服其常。故曰"早服谓之重积德"者也。重积德则无不克；无不克则莫知其极；道无穷也。莫知其极，可以有国；以有穷而莅国，非能有国也。有国之母，可以长久。国之所以安，谓之母。重积德，是唯图其根，然后营末，乃得其终也。是谓深根固柢，长生久视之道。

六十章

　　治大国若烹小鲜。 不扰也。躁则多害，静则全真。故其国弥大，而其主弥静，然后乃能广得众心矣。**以道莅天下，其鬼不神。** 治大国则若烹小鲜，以道莅天下，则其鬼不神也。**非其鬼不神，其神不伤人；** 神不害自然也。物守自然，则神无所加；神无所加，则不知神之为神也。**非其神不伤人，圣人亦不伤人。** 道洽，则神不伤人。神不伤人，则不知神之为神。道洽，则圣人亦不伤人。圣人不伤人，则〔亦〕❶不知圣人之为圣也。犹云〔非独〕❷不知神之为神，亦不知圣人之为圣也。夫恃威网以使物者，治之衰也。使不知神圣之为神圣，道之极也。**夫两不相伤，故德交归焉。** 神不伤人，圣人亦不伤人；圣人不伤人，神亦不伤人。故曰"两不相伤"也。神圣合道，交归之也。

---

❶ "亦"，据《道藏》集注本校补。
❷ "非独"，据《道藏》经注本、《道藏》集注本校补。

六十一章

大国者下流。江海居大而处下，则百川流之；大国居大而处下，则天下流之。故曰大国下流也。天下之交，天下〔之〕所归会〔者〕也。❶天下之牝。静而不求，物自归之也。牝常以静胜牡，以静为下。以其静，故能为下也。牝，雌也。雄躁动贪欲，雌常以静，故能胜雄也。以其静复能为下，故物归之也。故大国以下小国，大国以下，犹云以大国下小国。则取小国；小国则附之。小国以下大国，则取大国。大国纳之也。故或下以取，或下而取。言唯修卑下，然后乃各得其所〔欲〕❷。大国不过欲兼畜人，小国不过欲入事人。夫两者各得其所欲，大者宜为下。小国修下，自全而已，不能令天下归之。大国修下，则天下归之。故曰各得其所欲，则大者宜为下也。

---

❶ "之""者"二字，据《道藏》集注本校补。

❷ "欲"，据陶鸿庆说校补。陶云："'各得其所'下，当有'欲'字。下节经注皆云：'各得其所欲。'"

六十二章

　　道者万物之奥，奥，犹暧也。可得庇荫之辞。**善人之宝，**宝以为用也。**不善人之所保。**保以全也。**美言可以市，尊行可以加人。**言道无所不先，物无有贵于此也。虽有珍宝璧马，无以匹之。美言之，则可以夺众货之贾，故曰"美言可以市"也。尊行之，则千里之外应之，故曰可以加于人也。**人之不善，何弃之有！**不善当保道以免放。**故立天子、置三公，**言以尊行道也。**虽有拱璧以先驷马，不如坐进此道。**此道，上之所云也。言故立天子、置三公，尊其位，重其人，所以为道也。物无有贵于此者，故虽有拱抱宝璧以先驷马而进之，不如坐而进此道也。**古之所以贵此道者何？不曰以求得，有罪以免邪？故为天下贵。**以求则得求，以免则得免，无所而不施，故为天下贵也。

｜六十三章｜

为无为，事无事，味无味。以无为为居，以不言为教，以恬淡为味，治之极也。**大小多少，报怨以德。**小怨则不足以报，大怨则天下之所欲诛，顺天下之所同者，德也。**图难于其易，为大于其细。天下难事必作于易，天下大事必作于细。是以圣人终不为大，故能成其大。夫轻诺必寡信，多易必多难。是以圣人犹难之，**以圣人之才犹尚难于细易，况非圣人之才，而欲忽于此乎？故曰"犹难之"也。**故终无难矣。**

六十四章

　　其安易持，其未兆易谋，以其安不忘危，持之不忘亡，谋之无功之势，故曰"易"也。**其脆易泮，其微易散。**虽失无入有，以其微脆之故，未足以兴大功，故易也。此四者，皆说慎终也。不可以无之故而不持，不可以微之故而弗散也。无而弗持，则生有焉；微而不散，则生大焉。故虑终之患，如始之祸，则无败事。**为之于未有，**谓其安未兆也。**治之于未乱。**谓〔闭〕❶微脆也。**合抱之木，生于毫末；九层之台，起于累土；千里之行，始于足下。为者败之，执者失之。**当以慎终除微，慎微除乱。而以施为治之，形名执之，反生事原，巧辟滋作，故败失也。**是以圣人无为，故无败；无执，故无失。民之从事，常于几成而败之。**不慎终也。**慎终如始，则无败事。是以圣人欲不欲，不贵难得之货；**好欲虽微，争尚为之兴；难得之货虽细，贪盗为之起也。**学不学，复众人之所过。**不学而能者，自然也。喻于（不）❷学者，过也。故学不学，以复众人之〔所〕❸过。**以辅万物之自然，而不敢为。**

---

❶ "闭"，据《道藏》集注本校补。
❷ "不"，据《古逸丛书》本校删。
❸ "所"，据《道藏》集注本校补。

六十五章

古之善为道者，非以明民，将以愚之。明，谓多见巧诈，蔽其朴也。愚，谓无知守真，顺自然也。**民之难治，以其智多。**多智巧诈，故难治也。**故以智治国，国之贼；**智，犹治也。以智而治国，所以谓之贼者，故谓之智也。民之难治，以其多智也。当务塞兑闭门，令无知无欲。而以智术动民，邪心既动，复以巧术防民之伪，民知其术，（防随）〔随防〕**❶**而避之。思惟密巧，奸伪益滋，故曰"以智治国，国之贼"也。**不以智治国，国之福。知此两者，亦稽式。常知稽式，是谓玄德。玄德深矣，远矣，**稽，同也。今古之所同则，不可废。能知稽式，是谓玄德。玄德深矣，远矣。**与物反矣，**反其真也。**然后乃至大顺。**

---

❶ "防随"二字据陶鸿庆说互乙。陶云："承上文'复以巧术防民之伪'而言。"

六十六章

　　江海所以能为百谷王者，以其善下之，故能为百谷王。是以欲上民，必以言下之；欲先民，必以身后之。是以圣人处上而民不重，处前而民不害。是以天下乐推而不厌。以其不争，故天下莫能与之争。

六十七章

　　天下皆谓我道大，似不肖。夫唯大，故似不肖。若肖，久矣其细也夫！久矣其细，犹曰其细久矣。肖则失其所以为大矣，故曰"若肖，久矣其细也夫"。我有三宝，持而保之：一曰慈，二曰俭，三曰不敢为天下先。慈，故能勇；夫慈，以陈则胜，以守则固，故能勇也。俭，故能广；节俭爱费，天下不匮，故能广也。不敢为天下先，故能成器长。唯后外其身，为物所归，然后乃能立成器为天下利，为物之长也。今舍慈且勇，且，犹取也。舍俭且广，舍后且先，死矣！夫慈，以战则胜，相慜而不避于难，故胜也。以守则固。天将救之，以慈卫之。

六十八章

善为士者不武，士，卒之帅也。武，尚先陵人也。**善战者不怒，**后而不先，应而不唱，故不在怒。**善胜敌者不与，**（不）❶与，争也。**善用人者为之下。是谓不争之德，是谓用人之力，**用人而不为之下，则力不为用也。**是谓配天古之极。**

---

❶ "不"，据陶鸿庆说校删。陶云："王注云：'不与争也。''不与争'而但云'不与'，不辞甚矣。'与'即'争'也。《墨子·非儒下篇》云：'若皆仁人也，则无说而相与。'与下文'若两暴交争'云云，文义相对。是'相与'即'相争'也。王氏引之《经义述闻》谓古者相当相敌皆谓之'与'，疏证最详。'当'与'敌'，并与'争'义近。疑注文本作'与，争也'。后人不达其义，臆增'不'字耳。"

六十九章

　　用兵有言：**吾不敢为主而为客，不敢进寸而退尺。是谓行无行，**（彼）〔进〕❶遂不止。**攘无臂，扔无敌，**行，谓行陈也，言以谦退哀慈，不敢为物先。用战犹行无行，攘无臂，执无兵，扔无敌也。言无有与之抗也。**执无兵❷。祸莫大于轻敌，轻敌几丧吾宝。**言吾哀慈谦退，非欲以取强无敌于天下也。不得已而卒至于无敌，斯乃吾之所以为大祸也。宝，三宝也，故曰几亡吾宝。**故抗兵相**（加）〔若〕❸，**哀者胜矣。**抗，举也。（加）〔若〕❹，当也。哀者必相惜而不趣利避害，故必胜。

---

　　❶ "进"，据陶鸿庆说校改。陶云："'彼'字疑当为'进'。'进遂不止'，释经文'不敢进寸而退尺'之义。"
　　❷ "执无兵"，帛书《老子》甲本、乙本在经文"攘无臂"下。
　　❸ "若"，据帛书《老子》甲本、乙本校改。
　　❹ "若"，据《道藏》集注本校改。楼宇烈云："'加'字无'当'义，当作'若'。傅奕本《老子》经文及长沙马王堆三号汉墓出土帛书《老子》甲乙本经文'相加'，均作'相若'。可见，注文'若'误作'加'，乃因经文之误而误。"

七十章

吾言甚易知、甚易行，天下莫能知、莫能行。可不出户窥牖而知，故曰"甚易知"也。无为而成，故曰"甚易行"也。惑于躁欲，故曰莫之能知也。迷于荣利，故曰莫之能行也。言有宗，事有君。宗，万物之（宗）〔主〕❶也。君，万（物）〔事〕❷之主也。夫唯无知，是以不我知。以其言有宗、事有君之故，故有知之人不得不知之也。知我者希，则我（者）贵〔矣〕❸。唯深，故知之者希也。知我益希，我亦无匹，故曰"知我者希，则我（者）❹贵"也。是以圣人被褐怀玉。被褐者同其尘，怀玉者宝其真也。圣人之所以难知，以其同尘而不殊，怀玉而不渝，故难知而为贵也。

❶ "主"，据陶鸿庆说校改。陶云："'宗'亦'主'也。注释'宗''君'二字义无区别。疑原文当云：'宗，万物之主也；君，万事之主也。'"
❷ "事"，据《道藏》集注本及陶鸿庆说校改。
❸ "则我贵矣"，据《道藏》集注本及帛书《老子》甲本、乙本校改。
❹ "者"，据《道藏》集注本校删。此系沿袭经文而衍。

老子

七十一章

知不知，上；不知知，病。不知知之不足任，则病也。
夫唯病病，是以不病。圣人不病，以其病病，是以不病。

七十二章

民不畏威，则大威至。无狎其所居，无厌其所生。清净无为谓之居，谦后不盈谓之生。离其清净，行其躁欲，弃其谦后，任其威权，则物扰而民僻，威不能复制民。民不能堪其威，则上下大溃矣，天诛将至。故曰："民不畏威，则大威至。无狎其所居，无厌其所生。"言威力不可任也。**夫唯不厌，**不自厌也。**是以不厌。**不自厌，是以天下莫之厌。**是以圣人自知不自见，**不自见其所知，以耀光行威也。**自爱不自贵。**自贵，则（物）〔将〕狎（厌居）〔居厌〕生❶。**故去彼取此。**

---

❶ "则将狎居厌生"，据陶鸿庆说校改。陶云："'物'盖'将'字之误，草书似之。'狎厌居生'，当作'狎居厌生'。本章经云：'无狎其所居，无厌其所生。'"

七十三章

勇于敢则杀，必不得其死也。勇于不敢则活。必齐命
也。此两者或利或害。俱勇而所施者异，利害不同，故曰
"或利或害"也。天之所恶，孰知其故？是以圣人犹难
之。孰，谁也。言谁能知天下之所恶意故邪？其唯圣人。夫圣
人之明，犹难于勇敢，况无圣人之明而欲行之也。故曰"犹难
之"也。天之道，不争而善胜，（天）〔夫〕❶唯不争，故天
下莫能与之争。不言而善应，顺则吉，逆则凶，不言而善应
也。不召而自来，处下则物自归。繟然而善谋。垂象而见吉
凶，先事而设诚，安而不忘危，未召而谋之，故曰"繟然而善
谋"也。天网恢恢，疏而不失。

---

❶ "夫"，据《道藏》集注本校改。二十二章经文云："夫唯不争，
故天下莫能与之争。"

七十四章

　　民不畏死，奈何以死惧之！若使民常畏死，而为奇者，吾得执而杀之，孰敢？诡异乱群谓之奇也。常有司杀者杀，夫代司杀者杀，是谓代大匠斫。夫代大匠斫者，希有不伤其手矣。为逆，顺者之所恶忿也；不仁者，人之所疾也。故曰"常有司杀"也。

七十五章

民之饥，以其上食税之多，是以饥。民之难治，以其上之有为，是以难治。民之轻死，以其求生之厚，是以轻死。夫唯无以生为者，是贤于贵生。言民之所以僻，治之所以乱，皆由上不由其下也。民从上也。

七十六章

　　人之生也柔弱，其死也坚强。万物草木之生也柔脆，其死也枯槁。故坚强者死之徒，柔弱者生之徒。是以兵强则不胜，强兵以暴于天下者，物之所恶也，故必不得胜。木强则兵。物所加也。强大处下，木之本也。柔弱处上。枝条是也。

七十七章

天之道，其犹张弓与！高者抑之，下者举之；有余者损之，不足者补之。天之道，损有余而补不足；人之道则不然，与天地合德，乃能包之如天之道。如人之量，则各有其身，不得相均。如惟无身无私乎？自然，然后乃能与天地合德。损不足以奉有余。孰能有余以奉天下？唯有道者。是以圣人为而不恃，功成而不处，其不欲见贤。言（唯）〔谁〕❶能处盈而全虚，损有以补无，和光同尘，荡而均者？唯（其）〔有〕❷道也。是以圣人不欲示其贤以均天下。

---

❶ "谁"，据陶鸿庆说校改。陶云："'唯能'乃'谁能'之误。"

❷ "有"，据陶鸿庆说校改。陶云："'其道'乃'有道'之误。顺经文解之。"

七十八章

　　天下莫柔弱于水，而攻坚强者莫之能胜，其无以易之。以，用也。其，谓水也。言用水之柔弱，无物可以易之也。弱之胜强，柔之胜刚，天下莫不知，莫能行。是以圣人云：受国之垢，是谓社稷主；受国不祥，是为天下王。正言若反。

七十九章

　　和大怨，必有余怨，不明理其契，以致大怨已至。而德〔以〕❶和之，其伤不复，故〔必〕❷有余怨也。**安可以为善？是以圣人执左契，**左契，防怨之所由生也。**而不责于人。有德司契，**有德之人，念思其契，不（念）〔令〕❸怨生而后责于人也。**无德司彻。**彻，司人之过也。**天道无亲，常与善人。**

---

❶ "以"，据《道藏》经注本、《道藏》集注本校补。
❷ "必"，据《道藏》经注本、《道藏》集注本校补。经文曰"必有余怨"。
❸ "令"，据《道藏》经注本、《道藏》集注本校改。

| 八十章 |

　　小国寡民。国既小，民又寡，尚可使反古，况国大民众乎？故举小国而言也。**使有什伯之器而不用，**言使民虽有什伯之器，而无所用，何患不足也。**使民重死而不远徙。**使民不用，惟身是宝，不贪货赂。故各安其居，重死而不远徙也。**虽有舟舆，无所乘之；虽有甲兵，无所陈之。使人复结绳而用之，甘其食，美其服，安其居，乐其俗。邻国相望，鸡犬之声相闻，民至老死不相往来。**无所欲求。

八十一章

信言不美，实在质也。美言不信；本在朴也。善者不辩，辩者不善；知者不博，极在一也。博者不知。圣人不积，无私自有，唯善是与，任物而已。既以为人，己愈有；物所尊也。既以与人，己愈多。物所归也。天之道，利而不害；动常生成之也。圣人之道，为而不争。顺天之利，不相伤也。

晁说之跋

王弼《老子道德经》二卷，真得《老子》之学欤！盖严君平《指归》之流也。其言仁义与礼，不能自用，必待道以用之，天地万物各得于一，岂特有功于《老子》哉！凡百学者，盖不可不知乎此也。予于是知弼本深于《老子》，而《易》则末矣。其于《易》，多假诸《老子》之旨，而《老子》无资于《易》者。其有余、不足之迹，断可见也。

呜呼，学其难哉！弼知"佳兵者，不祥之器"，至于"战胜，以丧礼处之"，非《老子》之言，乃不知"常善救人，故无弃人；常善救物，故无弃物"，独得诸河上公，而古本无有也，赖傅奕能辩之尔。然弼题是书曰《道德经》，不析乎道、德，而上、下之，犹近于古欤！其文字则多误谬，殆有不可读者，令人惜之。

尝谓弼之于《老子》，张湛之于《列子》，郭象之于《庄子》，杜预之于《左氏》，范宁之于《穀梁》，毛苌之于《诗》，郭璞之于《尔雅》，完然成一家之学，后世虽有作者，未易加也。予既缮写弼书，并以记之。

政和乙未十月丁丑嵩山晁说之廊時记。

熊克重刊跋

克伏诵咸平圣语有曰："《老子道德经》治世之要，明皇解虽灿然可观，王弼所注，言简意深，真得老氏清净之旨。"克自此求弼所注甚力，而近世希有，盖久而后得之。

往岁，摄建宁学官，尝以刊行。既又得晁以道先生所题本，不分道、德而上、下之，亦无篇目。克喜其近古，缮写藏之。乾道庚寅，分教京口，复镂板以传。若其字之谬讹，前人已不能证，克焉敢辄易？姑俟夫知者。

三月二十四日左从事郎充镇江府府学教授熊克谨记。